博士文库

我国高等教育入学机会差异研究

——以高中阶段教育为视角

◎王香丽 著

中国出版集团
世界图书出版公司

图书在版编目（CIP）数据

我国高等教育入学机会差异研究：以高中阶段教育为视角 / 王香丽著. -- 广州：世界图书出版广东有限公司，2011.6

ISBN 978-7-5100-3620-0

Ⅰ. ①我… Ⅱ. ①王… Ⅲ. ①高等教育—教育政策—研究—中国 Ⅳ. ①G649.20

中国版本图书馆CIP数据核字（2011）第097836号

我国高等教育入学机会差异研究:以高中阶段教育为视角

策划编辑：刘正武
责任编辑：刘国栋
出版发行：世界图书出版广东有限公司
（广州市新港西路大江冲25号 邮编：510300）
电话：020-84451969 84459539
http://www.gdst.com.cn E-mail:pub@gdst.com.cn
经 销：各地新华书店
印 刷：广州市怡升印刷有限公司
版 次：2011年6月第1版 2011年6月第1次印刷
开 本：880mm × 1230mm 1/32
字 数：180千
印 张：7
ISBN 978-7-5100-3620-0/G · 0961
定 价：30.00元

咨询、投稿：020-84460251 gzlzw@126.com

目　录

Contents

摘要

1999年以来，我国高等教育获得了长足发展，但不同家庭背景高中学生在高等教育入学机会上依然存在着显著的差异。分析不同家庭背景学生在高中阶段的学习情况，将有助于从更深层次去揭示造成我国高等教育入学机会差异的成因及影响。本论文主要采用实证研究方法，通过对不同类型高中学生的家庭背景、高中学习生涯以及最终升入高校情况的调查，探讨造成不同类型高中学生升学机会产生差异的原因，并在此基础上对制约低阶层尤其是农村家庭子女获得高等教育机会的因素进行剖析，提出若干缩小高等教育入学机会差异的方法措施。论文研究内容及得到的主要结论如下：

第一，以高中在校生作为调查对象，综合采用问卷调查、档案调查、访谈和文献资料等研究方法，考察学生的家庭背景及就读的高中类型等因素对其高等教育入学机会的影响。结果表明，学生就读高中的类型与其所升入的高校类别之间存在显著相关。重点高中和城市高中的学生升入高校的机会要远大于非重点高中和乡镇高中的学生。其中，城乡高中之间的差异最大；这种差异体现在不同类型高中学生对学习的感受、获取课外知识的途径、学习方式等方面。家长的文化程度、职业、家庭经济条件以及家庭所在地等家庭背景是影响学生就读高中类型和取得学业成绩的重要因素。其中，重点高中学生的家长文化程度、职业以及家庭经济条件等方面都要优于一般高中的学生，城市高中学生的家庭背景也要好于乡镇高中学生。综合调查数据得出，不同类型高中学生的高等教育入学机会与其就读高中及其家庭背景具有很大的相关性，现阶段我国高等教育入学机会最显著的差异体现为城乡之间的差异。

第二，根据调查结果并结合文献资料，对不同家庭背景学生获得高等教育入学机会的相关影响因素进行了探讨。学校教育本身在某些方面强化着不同家庭背景学生之间的差异，这对低阶层家庭的子女，尤其是农村家庭子女接受高等教育造成不利影响。具体表现在以下几个方面：（1）基础教育阶段的重点教育制度强化了不同学校以及城乡之间的差异性。重点学校的教育资源丰富，且大都分布在城市和经济发达地区，这样就人为地拉大了城乡和区域之间的教育差距；（2）我国基础教育和高考内容设置的城市化倾向明显，对农村重视不够，不利于提高农村子女接受高等教育的机会；（3）新的高校招生制度强化了城市文化背景，增加了农村和低阶层家庭子女获取高等教育机会的难度；（4）现有高校布局和录取名额分配办法不合理，使高等教育资源丰富和经济发展水平较高省市的考生有更多的高等教育机会，这也在一定程度上强化了入学机会的差异；（5）我国教育中的资金投入和学费政策不利于贫困家庭子女接受高等教育。基于这些调查结果的认识，现阶段需要在教育机制上进行必要的创新和改革，以此来推动我国高等教育入学机会差异性问题的解决。

第三，在制度和政策上需采取积极措施来解决入学机会差异性问题，特别是提高农村家庭子女接受高等教育的机会。比较可行的措施包括：（1）继续扩大高等教育规模，以提供更多的教育机会来满足青年人的就学需求；（2）提高中学教育质量，特别是促进中学教育均衡发展，大力解决因教育资源分布不均所带来的入学机会不均等问题；（3）大力发展高等职业教育，解决因初、中等教育水平较差而无法获得高等教育机会学生的教育问题；（4）重点解决农村家庭子女接受高等教育的难题，除了提高农村初、中等教育质量外，还可通过政策倾斜，或者建立高职高专学校来满足农村家庭子女接受高等教育的需求。

关键词：高等教育公平；高中毕业生；高等教育入学机会；家庭背景；差异；调查

Abstract

More progresses in the field of higher education have been made during the last ten years since 1999. However, the difference of the entrance to higher education is still in existence among the student groups with different family backgrounds in the senior high school. It is helpful to reveal the reasons and influences of the difference of entrance to higher education through investigating the education of students with different family backgrounds in the stage of senior high school. Thus, in this dissertation, the difference of entrance to higher education among high school students and their influencing factors have been studied and discussed based on an investigation about their family backgrounds, learning career, and entrance to higher education. Moreover, the key factors for restricting the entrance opportunity of low stratum, especially rural stratum children are discussed, and some strategies to improve their entrance opportunity are proposed finally. The main contents and conclusions are drawn as follows:

Firstly, the influences of the family backgrounds and school level of students in the senior high school on the entrance opportunity to higher education are firstly investigated by using several ways including the questionnaire, archives, visiting and literature methods. It is shown that there is significantly positive correlation between the level of senior high school that student studies in and their entrance to higher education, and even their choice of specialty in the institutes of higher education. Thereinto, the students studied in the key school or in city have more opportunities to enter higher education than those who come from the common school or the school located in the villages and towns. Accordingly, the former have more predominant conditions than the latter in the various teaching aspects. The largest difference exists between the student groups in the city key school and the common school located in the villages and towns, and the difference also exhibits in their learning feeling, ways to gain knowledge, learning methods, et al. In addition, the family backgrounds, which include their parents' education grade and employment and their family's wealth and location, are also regarded as the key factors to their entrance opportunity. On the basis of these data, it is concluded that there is compact correlation between the entrance to higher education and the family's backgrounds and school level, indicating the characteristics of educational opportunity in nowdays actually reflect the social difference between the people lived in city and in villages and towns.

Secondly, the relating intrinsic factors to the differences of entrance opportunity to higher education among student groups with different family backgrounds are discussed based on the collected data and literature information. As a conclusion, some unpractical aspects existed in the education system are particularly pointed out to strengthen these differences among different student grounps and bring some negative effects to the opportunity of low social stratum children. They are summarized as follows: i) The key school system in the basic schooling period strengthens the differences of key schools and common schools, the key schools or the schools located in cities or developed area own more resources than others, and make the education gap between city and rural bigger and bigger; ii) The justice for city students trend in the contents of basic education and entrance exam to higher education is obvious, cities have been taken as the center by today's education system while the rural regions are ususlly overlooked, which is not good for rural children's education; iii) The new entrance test method to higher education brings some negative effects to the rural students to gain higher education opportunity due to its intensification of city cultural backgrounds; iv) The differences are still larger in the university arrangement and the number of recruit, so, those who come from the city with many universities or developed area have more higher education opportunities; v) The educational investment and the fee policies of higher education bring some disadvantages to the students from the poor families. All these facts show that some reforms must be done to meliorate the unpractical aspects existed in the education system to improve the educational opportunity of low social stratum children.

Thirdly, the innovation is suggested to be done to improve today's educational system to increase the entrance opportunity of students lived in the villages and towns, especially for the rural children to the higher education. Based on the above results, some advices are discussed and proposed as follows: i) The higher education scale should be expanded furtherly to increase more recruit students to meet the demand of youngsters; ii) The educational quality before the higher education must be improved, especially the equilibrium of schools located in different areas should be noted so that the school education in the underdevelopment area can be furtherly improved; iii) To develop higher vocational education to supply more opportunities to the students from the underdevelopment area; iv) Some special policies and feasibile measures should be carried out to increase the entrance opportunity of students from the poor families or the depressed area.

Key words: Senior higher school, graduate student, entrance opportunity, family background, difference, investigation, discussion

引　言

一、问题的提出及研究意义

1. 问题的提出

2007年召开了中国共产党第十七次全国代表大会，大会报告对中国的教育发展问题提出了指导性意见，强调了教育在经济社会发展中的中心地位。指出，教育是民族振兴的基石，优先发展教育，建设人力资源强国，并把教育公平作为社会公平的重要基础。可以看出，教育公平是关系着社会和谐发展与进步的重要基础，已经成为我国的一项重大事情。教育公平是社会公平在教育领域的延伸，也是实现社会公平的重要手段和途径。美国著名教育家贺拉斯·曼曾经宣称："教育是实现人类平等的伟大的工具，它的作用比任何其他人类发明都要大得多"。① 但是，教育在促进社会公平的过程中，首先必须实现自身的公平，这也是教育发挥促进社会公平作用的前提和基础。如果教育本身就没有实现公平，那么其也无法促进社会的公平。所以说，教育公平是我国今后教育发展过程中必须着力解决的关键问题之一。

教育公平的观念首先出现于西方发达国家，它的提出伴随着资产阶级革命的产生、大工业生产的发展、公共教育的普以及国民人

---

① 约翰·S·布鲁贝克：《高等教育哲学》（王承绪，等译），杭州．浙江教育出版社，1987年版，第66页。

权意识的觉醒。世界银行在《2006 年发展报告：公平与发展》中，把对公平的理解建立在两个基本原则之上，其中之一是公平的机会。即一个人的成就，应该是他或她努力以及才能的结果，而不是由其所拥有的背景决定的。一个人的先天条件（包括性别、人种、出生地和家庭背景）以及她或他所拥有的社会关系等因素，不应该决定此人在经济上、社会上以及政治上的成就。① 我国建国以来就十分重视教育公平问题，在法律上保证公民有平等的受教育机会，并在实现教育公平方面采取了种种举措。具体为，向工农大众开放教育，用多种形式帮助广大工农大众学习文化，接受教育。恢复了统一高考制度，使得广大青年学生能够通过高考来获得教育机会，重新确立了分数面前人人平等的入学准则，等等。今天，我们国家正在推进高等教育大众化，为更多的公民接受高等教育提供了机会和可能。在一定程度上体现了 1998 年联合国教科文组织在巴黎召开的首次世界高等教育大会上通过的《21 世纪的高等教育：展望与行动》和《高等教育改革与发展的优先行动框架》提出的高等教育公平原则：能否被高等院校录取应根据那些想接受高等教育的人的成绩、能力、努力程度、锲而不舍和献身的精神，……。高等教育应根据个人成绩对一切人平等开放，使更多人接受高等教育。② 但是，中国目前仍然面临着教育公平这一世界性难题。

据国家统计局调查，2007 年我国 15 岁及以上人口平均受教育年限达到 8.4 年，比 2006 年提高了 0.2 年。其中，男性人口平均受教育年限为 9.0 年，女性人口为 7.8 年；城镇人均受教育年限为 9.7 年，乡村为 7.3 年；城镇粗文盲率为 4.30%，乡村粗文盲率为 9.48%。男女之间、城乡人口之间在受教育程度方面差异依然

---

① 世界银行：《2006 年世界发展报告：公平与发展》，北京．清华大学出版社，2006 年版，第 18－19 页。

② 杨东平：《教育公平的理论和在我国的实践》，载《东方文化》2000 年第 6 期，第 86－94 页。

较大。①

2008 年 5 月，《小康》杂志会同有关专家及机构，对我国“教育小康”进行了调查。经过对调查结果进行加权处理，并参照国家有关部门的监测数据和大量社会信息，得出 2007 - 2008 年度中国教育小康指数为 64.6 分，比上年提高 0.5 个百分点。其中：教育投入及政策偏向性、教育法律法规体系建设及执行、对中国教育现状的满意度、平均受教育年限指数分别为 59.2、88.5、57.4、69.3，比上年分别提高 1.2、0.3、0.3、1.7 个百分点，对教育公平程度的感受为 51.8，比上年下降 0.2 个百分点。《小康》对“您认为政府对教育的政策偏向性有所好转吗?”调查显示，高达 41% 的受访者回答“很不满意”，近 30% 的受访者回答“不太满意”，也就是说有近 70% 的受访者不满意。同时，《小康》对“您认为当地政府为每位社会成员提供的教育机会平等吗?”进行调查，更是高达 44% 的受访者回答“很不平等”，33% 的受访者回答“不太平等”。② 无论从具体数字还是从人们的认识来看，我国教育公平依然是一个很严重的问题，教育公平程度依然没有得到根本好转。

要实现教育公平的目标，必须经历一个漫长的过程，而且还需要我们对一些重要问题进行深入研究。那么我国目前教育不公平表现在哪些方面？其产生的根源是什么？应当采取哪些解决的办法和途径？这些都是值得我们深入探讨的重要问题。本研究拟根据教育公平理论，以高中生作为研究对象，通过对不同类型高中学生家庭背景及升学选择的跟踪调查，研究我国高等教育入学机会的差异性及其产生的根源，在此基础上探讨实现我国教育公平的措施和途径。

---

① 《小康》研究中心：《教育公平仍无根本好转》，载《小康》2008 年第 6 期，第 60 - 61 页。

② 《小康》研究中心：《教育公平仍无根本好转》，载《小康》2008 年第 6 期，第 60 - 61 页。

2. 研究意义

国内对教育公平的研究文献很丰富，既有实证的调查材料，又有理论的分析。教育不公平的表现形式和成因是多方面的，而在高等教育方面，不公平的一个很重要的表现是不同家庭背景的子女接受高等教育的机会有显著差异。我国以高中学生作为调查对象探讨高等教育入学机会的差异性状况的研究还很少。从高中教育阶段入手考察我国高等教育入学机会的分布状况，能进一步揭示高等教育入学机会差异性的深层次原因。因为，高中教育是高等教育的基础，学生接受高等教育的机会在一定程度上受其所接受高中教育的影响。第一，我国的经济社会发展存在严重的区域不平衡，由此而导致教育发展的区域不平衡，因而，不同区域的高中教育质量和水平也存在差异，这种差异将直接导致该地区子女接受高等教育机会的差异；第二，不同类型高中毕业生所获得的高等教育机会是不同的。我们国家从 20 世纪 80 年代开始实行重点学校制度，重点学校的生源质量、师资力量、硬件设施等各方面都要优于一般学校。所以，从不同类型高中学生的调查入手，考察他们与非重点高中毕业学生接受高等教育的差异能够更全面地考察高等教育入学机会的差异性及其成因。通过考察，我们可以挖掘出高等教育入学机会的差异性是在多大程度上由高中阶段的差异性而决定的。

本研究以高中生作为研究对象，在实证研究的基础上，找出不同类型高中以及不同家庭背景的高中生接受高等教育机会的差异程度及其成因，并以此为根据，来探讨实现弱势阶层子女接受高等教育的途径，能够在一定程度上为提高弱势群体子女接受高等教育的机会提供决策参考，因而，对于实现我国教育公平，促进教育的健康发展乃至社会和谐发展具有重要的理论意义和现实意义。

二、研究目的、内容、思路与方法

1. 研究目的

本研究的目的在于，在借鉴国内外研究成果的基础上，通过对不同地区以及不同类型高中部分高中生的追踪调查，揭示我国高等教育入学机会的现状，找出高中学生升学选择的差异性及其主要影响因素，进而对与之相关的一些理论问题进行深入探讨，在此基础上提出解决问题的相关建议。该研究除了从家庭背景这一维度考察高中学生的升学选择外，还从城乡以及校际差异的维度来考察学生升学选择的差异性。

2. 研究思路和内容

本研究的思路为：以部分高中学生作为追踪调查研究对象，研究不同家庭背景子女升学机会的差异性。首先，根据从广东与河南的几所典型高中获得的高中生的家庭背景及高中生涯的数据，从高中学生的升学选择层面来揭示我国高等教育入学机会的差异状况；在此基础上分析产生入学机会差异性的原因；最后提出解决问题的具体措施和建议。

本研究的内容包括四个部分：

第一部分主要对建国以来我国高等教育公平性的发展历程以及教育公平理论进行概述，并对国内外高等教育入学机会差异性的研究文献进行梳理，在此基础上提出本研究的研究主题和特点。

第二部分是本研究的重点，主要对通过问卷调查和档案调查所获得的不同类型高中学生升学机会的相关数据进行分析。首先，分析比较不同类型高中学生升学机会的差异性；其次，对不同类型高中学生的家庭背景（家长的文化程度、职业、家庭经济条件以及户口所在地等）进行对比，分析不同类型高中学生的家庭背景之间的差异性，考察不同家庭背景的高中学生所选择高中类型的差异以及对其升学机会的影响；第三，从不同类型高中学生的学习氛围、获取课外知识的途径、教师的教育教学能力等多方面来分析不同类型高中学生升学机会差异性的深层次原因。

第三部分主要分析重点学校制度、城乡和区域之间教育资源的差异、高校招生制度、高校布局、教育的城市化倾向等方面对我国高等教育入学机会的深层次影响。分析不同家庭背景的子女在接受教育方面已经存在着显著差异的现实状况下，学校教育系统是在弥补这种差距，还是在一定程度上强化着这种差距，使本来已经存在的差距扩大化。

第四部分提出了解决高等教育入学机会差异性问题的具体措施和建议。

3. 研究方法

本研究主要采用以下几种研究方法：

（1）问卷调查和档案调查法：2006 年 12 月至 2007 年 12 月期间，调查了广东省 3 所高中和河南省 1 所高中部分学生的家庭背景及其他方面的情况。共发放问卷 1300 份，回收问卷 1266 份，回收率为 97.38%，其中有效问卷为 1161 份，有效率为 91.71%。高中学生升学机会状况的调查，采用档案调查的方法，共调查样本 2544 份，全部是有效样本。

（2）数理统计法：调查所获得的数据，主要采用列表和作图的方法给出。作图使用 Origin 软件，数据处理采用 SPSS12.0 统计软件。

（3）文献资料分析法：查阅和梳理了国内外近几十年来的相关研究成果，并对其进行评述，对造成不同类型高中学生升学机会差异性的深层次原因进行分析。

（4）访谈法：书面问卷难以反映高中学生的主观感受和内心体

验，为了更深入地了解高中生对高中学习和生活的感受，我们对一些高中学生（包括考上大学和未考上大学的）进行了访谈。

三、相关概念界定

1. 社会分层

社会阶层是研究者根据一定的划分标准，将社会中的不同利益群体进行分层，分层的结果便形成了不同的社会阶层——即处于不同位置的社会群体。社会阶层是指社会上的一批人享有同等的或类似的社会资源。[①] 西方社会学者比较重视对社会分层的研究。改革开放以来，社会阶层问题也逐渐成为我国社会学领域的研究热点，有关当代社会阶层划分问题也成为争议较大的一个问题。由于时代背景及各国国情之间的差异，以及研究者的研究旨趣、价值取向的不同，因此对社会进行分层存在着不同的划分标准，从而形成不同的社会阶层。

马克思坚持阶级分析观点，重视分析经济领域的社会等级秩序，坚持阶级划分的一元标准。韦伯和沃纳的社会分层理论是以政治（权力）、经济（财富）和社会声望等来划分阶层。随着改革开放的不断深入和经济社会的不断发展，我国的社会结构发生了很大的变化，因此，仅用一个分层理论来进行阶层划分是很困难的，必须以多种分层理论为指导。我们应该吸收已有分层理论的精髓，根据中国的国情，多维度分析我国社会结构的状况。我国是社会主义国家，在社会主义条件下，阶级之间的对立被消除，人与人之间的关系是平等的，只是由于职业不同而造成了人们之间的差异，所以主要以职业作为标准来划分阶层是比较合理的。2002 年初，中国社会科学院“当代中国社会结构变迁研究”课题组对中国改革开放以来的社

① 许嘉犹：《社会阶层化和社会流动》，台北. 三民书局股份有限公司，1986 年版，第 3 页。

会结构变迁进行了较为系统的实证研究，提出了“以职业分类为基础，以组织资源、经济资源和文化资源的占有状况为标准来划分社会阶层的理论框架”，将当前中国的社会职业结构划分为十大阶层：①

（1）国家与社会管理者阶层——指在党政、事业和社会团体机关单位中行使实际行政管理职权的领导干部。

（2）经理人员阶层——指企业中非业主身份的高中层管理人员及部分作为部门负责人的基层管理人员。

（3）私营企业主阶层——指拥有一定数量的私人资本或固定资产，并进行投资以获取利润同时雇佣他人劳动的人。

（4）专业技术人员阶层——指在各种经济成分的机构（包括国家机关、党群组织、全民企事业单位、集体企事业单位和各类非公有制经济企业）中专门从事各种专业性工作和科学技术工作的人员。

（5）办事人员阶层——指协助单位和部门负责人处理日常行政事务的专职办公人员。

（6）个体工商户阶层——指拥有一定量的私人资本（包括不动产）并投入生产、流通、服务业等经营活动或金融债券市场而且以此为生的人。

（7）商业服务业员工阶层——指在商业和服务行业中从事非专业性的、非体力的和体力的工作人员。

（8）产业工人阶层——指在第二产业中从事体力、半体力劳动的生产工人、建筑业工人及相关人员。

（9）农业劳动者阶层——指承包集体所有的耕地，以农（林、牧、渔）业为惟一或主要的职业，并以农（林、牧、渔）业为惟一或主要收入来源的农民。

（10）城乡无业、失业、半失业者阶层——指无固定职业的劳动

---

① 陆学艺：《当代中国社会流动》，北京．社会科学文献出版社，2004 年版，第 2－23 页。

年龄人群（排除在校学生）。本研究的社会阶层划分标准采用了该课题组的十大阶层划分标准。

2. 高中毕业生的升学机会

高等教育是高中教育的延续。高中生毕业以后的升学去向就是进入高等学校学习。所以，高中生的升学机会也就是指高中生升入高校的机会，实际上就是我们通常所说的高等教育入学机会。高等教育是指建立在普通教育基础上的专业性教育，以培养各种专门人才为目标。① 本研究所指的高等教育是指建立在中等教育基础之上的、在不同形式的全日制普通高校接受本专科层次的教育，而该研究所指的高等教育入学机会也就是指在此类高校接受本专科教育的机会。高等教育入学机会包括两层含义：其一是指不同阶层以及城乡子女进入高校的机会，也就是说他们能否接受高等教育；其二是指各阶层以及城乡子女拥有什么样的入学机会，即指就读于哪类高校和哪些科类与专业。本研究所涉及的高等教育入学机会，包括第一层含义以及第二层含义的第一个方面。由于条件和资源所限，我们没有能够搜集到有关高中毕业生所选择专业的有关资料，所以探讨高中毕业生的升学机会时不包括学生所就读的专业这一层含义。

四、有关资料收集的说明

1. 资料收集对象

本研究采用了问卷调查、档案调查、访谈和查阅文献等多种资料收集方式。资料收集对象主要集中于广东和河南。由于所收集的资料涉及隐私问题，根据收集资料对象的要求，所调查单位的名称均匿名处理。本研究所涉及的材料收集对象包括：

---

① 潘懋元：《新编高等教育学》，北京．北京师范大学出版社，1996 年版，第 8 页。

（1）两所城市高中。选取广东省广州市的两所高中的部分学生。一所为省级重点高中，升学水平在广州市占据前5名的位置，被称为城市重点高中；另一所为非重点的普通高中，被称为城市普通高中。

（2）两所县镇高中。一所是位于广东省一个镇上，被称为县镇普通高中；另一所高中是河南省一个县级市的第一高中，被称为县镇重点高中。根据我国高中的现状，在县镇高中就学的学生是来自于学校所在行政区内的各个阶层的子女，包括农村户口和城镇户口的学生，所以统称这些学校为县镇高中，以有别于主要是城市户口学生的城市高中和主要是农业户口学生的农村高中。我们后面给出的数据显示，尽管我国农业人口占总人口的三分之二以上，但纯粹的农村高中数量却很少，农业户口学生主要集中在县镇就读，故研究选取县镇高中来对问题进行探讨。根据我们所调查的县级市第一中学所处的地理位置，以及该市的经济和社会经济文化发展水平，可以把该高中作为县级高中的代表。尽管该县级市还有其他四所普通高中，但因这些高中高考录取率非常低，所以我们主要把第一高中作为重点调查研究对象。同时，该县级市的整个初、高中教育水平也处于中等，可以作为代表性的案例来说明问题。我们还调查了该县级市1998－2006年初中毕业生升入普通高中以及高中毕业生升入普通高校的整体情况，以进一步分析城乡子女升入高校机会的差异。

（3）对企业的调查。为了更进一步探讨不同家庭背景子女接受高等教育的机会，我们还对一个企业部分员工进行了访谈。其中，重点收集资料的一个企业GP公司位于广州市的城乡结合部，有员工近2000人，近年来该公司产值增速一般能保持在20%－30%的水平，2008年产值近4.5亿，是一个典型的劳动密集型高新技术企业。对这个企业的部分员工进行访谈，主要是了解这些外出打工的农村青年接受教育的情况，以及他们没有接受高等教育的原因等情况，以便于进一步分析农村教育的真实状况。

本研究之所以选取这些样本，除了上述原因外，主要还出于对以下因素的考虑：

第一，广东的经济总量和社会经济发展水平位居全国的前列，但广东的高等教育发展水平却位居全国的中等水平，与经济社会的发展水平不协调；同时，该省又是一个经济社会发展很不平衡的省份，有经济社会发展水平很高的珠江三角洲地区，也有经济社会发展比较落后的东西两翼和粤北山区，因此，在一定程度上广东可以作为全国经济社会发展状况的一个缩影。我国存在着严重的社会经济发展区域不平衡问题，在主要是从广东所获得数据资料的基础上所得出的研究结果，可以作为认识经济社会不平衡发展过程中的教育机会公平问题的典型案例，对于全国具有很好的启示作用。

第二，要全面、深入地说明某些问题，需要得到涉及研究内容的更多的背景数据。但由于中国地域广大，要在全国范围内获得相关数据，十分困难。即使在小范围内进行调查也会遇到种种预料不到的困难。我们的调研也不例外。一些高中的管理人员、教师以及学生本人，对调研问题很敏感，对我们所提出的调查要求持强烈的反对态度，不愿意接受我们的调查，使得很多调研工作不能按照计划去实施和完成。我们只能根据整体收集数据情况，把该工作定位于个案研究。在力所能及的情况下，尽量从多渠道获取数据。所调查的高中所在的地区基本涵盖了经济社会发展水平不同的地区，既有经济发达的珠三角地区，又有经济不发达的地区，这样有利于对问题进行阐述。

第三，研究者本人在广东高校工作，对广东省的情况相对比较熟悉，在具体样本的调查方面也相对比较方便。不过，在具体的数据调查过程中也发现，仅仅依靠从广东地区得到的数据材料，在一定程度上还不能很好地体现出中国现在整体情况。研究者本人原籍在河南农村，并在河南工作过，对农村地区的情况比较了解，并且这些年也有很多机会接触这些地区的情况。同时，也考虑到河南具有很好的代表性，比如河南省是全国的人口和高考大省，而教育发展处于中等水平，也存在着发展不平衡的现象。所以选择河南作为调查数据资料收集的地区，在研究中把河南所获得的调研数据作为支撑材料。

2. 调查内容设计

在对高中资料的获取中，主要采用查阅档案资料、问卷调查和访谈的方法。问卷调查的内容主要包括以下几个方面：第一部分是学生及其家庭的基本情况：包括学生的性别、是否是独生子女、家庭户口所在地、父母的职业、文化程度、家庭经济情况等；第二部分是家庭的养育过程方面的内容，主要包括家长的期望程度、家长的教养方式、学生与家长之间的关系等；第三部分是学生在高中学习的一些情况及感受；第四部分是在选择高校和专业时的影响因素。

通过查阅档案的方法，收集了四所高中学生高考以后的去向，包括是否考上大学以及所取考大学的类型及层次等。当初，我们的研究计划是对学生进行记名调查，便于对每一个学生进行跟踪调查研究。但是，由于在调查的过程中，学生和老师以及管理者都不愿意配合，导致记名调查的计划无法实施。我们只好采取无记名调查的方法，所以无法对毕业生个体进行追踪调查研究，我们的追踪调查研究是将各个高中的学生作为一个整体来进行的，也就是说，我们在进行对比的时候是以所调查的四所高中的每一所高中学生的整体来进行比较，找出各个高中整体间的差异。不过这些资料可以说明我们要研究的问题。因为我们所调查的这几所学校，分别位于不同级别的城市，可以通过数据说明家庭背景的不同对高等教育入学机会的影响，同时也可以考察高等教育入学机会的区域差异，从某种意义上讲这种研究更具有现实意义。

第一章　高等教育入学机会差异性问题研究概述

高等教育公平是一个永恒的话题，又是一个“老生常谈”，而又“常谈常新”的教育社会学问题。随着经济社会和高等教育的发展，高等教育公平的内涵和特点也在不断发生着变化。中华人民共和国成立以来，高等教育取得了显著的成绩，但是也存在着一些问题，人们对于教育公平的认识也在不断深入。比如，我国高等教育发展进程中，高等教育公平的状况如何？目前我国教育公平存在的实质性问题是什么？其产生的原因是什么？应当采取哪些措施和途径来解决？等等。近几年，随着我国经济社会各项改革的加快以及高等教育大众化的实施，高等教育公平问题更加引起了全社会的高度重视。本章主要对建国以来我国高等教育机会公平性的历史演变进行阐述，并对有关教育公平方面的文献进行综述，在此基础上提出本研究的研究主题和研究特点。

第一节　建国以来我国高等教育入学机会差异性的历史演变

“高等教育发展的不同阶段也同高等教育对学生和社会所发挥的不同功能紧密相联。精英高等教育主要是塑造统治阶层的心智和个性，为学生在政府和学术专业中充当精英角色做好准备。在大众高等教育阶段，高等教育仍然是培养精英，但这是一种范围更广泛的精英，包括社会中所有技术和经济组织的领导阶层。重点从塑造个性转向培养更为专门的技术精英。在普及型高等教育机构，第一次为发达工业社会大多数人的生活作准备，不仅培养或广或窄的精英，而且培养所有的人，它的主要目的是提高人们对迅速变化的社会的适应能力”。① 这段精辟的论述，使我们知道，随着经济社会的发展，高等教育也在不断发展，而高等教育发展的不同阶段，其功能的发挥也是不同的。高等教育功能的变化，会导致人们对高等教育认识的变化。新中国成立至今，高等教育经历了几个不同的发展阶段。接下来，我们就对新中国成立以来我国高等教育各个发展时期入学机会状况进行分析，并在此基础上，剖析我国高等教育公平的发展和高等教育功能的演变过程，从而为引出研究主题奠定基础。

从1949年中华人民共和国成立至今，我国高等教育经历了几十年的发展历程。在这个过程中，随着高等教育的发展，高等教育入学机会方面也呈现出不同的特征，人们对高等教育入学机会的认识也不尽相同。我们将建国后我国高等教育的发展分为四个阶段。这四个阶段分别为：新中国成立初期（1949－1957年）、教育革命时期（1958－1976年）、恢复高考以后（1978－1998年）、高等教育大众化发展阶段（1999年至今）。我们分别分析高等教育发展的这四个阶段中，高等教育入学机会所表现的特征以及政府在缩小各阶层入学机会差异以及提高低阶层子女入学机会方面所采取的主要措施。

1. 新中国成立初期（1949－1957年）

1949年9月12日，中国人民政治协商会议通过的《中国人民政治协商会议共同纲领》明确指出：“中华人民共和国的文化教育为新民主主义的、民族的、科学的、大众的文化教育。人民政府的文化教育工作，应以提高人民的文化水平，培养国家建设人才，肃清封

① 马丁·特罗：《从精英向大众高等教育转变中的问题》，载《外国高等教育资料》1999年第1期，第1－22页。

建的、买办的、法西斯主义的思想、发展为人民服务的思想为主要任务”。① 为了培养大量的国家建设所需要的高级专门人才，大力发展高等教育无疑成为该时期教育事业发展的重要任务。在《共同纲领》的指导下，1950 年 6 月 1 日，我国召开了第一次全国高等教育会议。会议指出了高等教育必须“培养具有高度文化水平的，掌握现代科学和技术成就的、全心全意为人民服务的、高级的国家建设人才”② 的培养目标，以及“我们的高等学校从现在起就应该准备和开始为工农开门，以便及时地为我们的国家培养大批工农出身的知识分子”③ 的指导方针。

国家在高校招生的报考条件上制定了比较宽松的政策，以使工农出身的学生能够有机会接受高等教育。1950 年 7 月，政务院批准颁布了《高等学校暂行规程》，《规程》明确规定：“凡年满 17 岁、身体健康、在高中或同等学校毕业或有同等学力，经考试及格者，不分性别、民族、宗教信仰，均得入学。对于具有相当于高中毕业程度的下列学生应予以入学及学习的特别照顾：具有相当工作历史的革命干部、工农青年、少数民族学生、华侨学生，应予以入学”。④ 1953 年 6 月 20 日，高教部、教育部发布《关于全国高等学校 1953 年暑期招考新生的规定》，该规定指出：工农速成中学本届毕业生持有毕业证书者均可报名投考。⑤ 通过一系列措施的实施，高等学校中工农成分的大学生所占的比例逐年上升，由 1952 年的

---

① 何东昌：《中华人民共和国重要教育文献（1949－1975）》，海口．海南出版社，1998 年版，第 26 页。

② 中华人民共和国教育部：《共和国教育 50 年》，北京．北京师范大学出版社，1999 年版，第 354 页。

③ 何东昌：《中华人民共和国重要教育文献（1949－1975）》，海口．海南出版社，1998 年版，第 26 页。

④ 余　立：《中国高等教育史》，上海．华东师范大学出版社，1994 年版，第 30 页。

⑤ 刘英杰：《中国教育大事典（1949－1990）》，杭州．浙江教育出版社，1993 年版，第 1491 页。

27.39%上升到1958年的55.28%。①

这个时期高等教育的功能定位是培养服务于国家经济建设的“精英”，尤其是技术精英，同时，也兼顾到了公平，其最突出表现就是政府通过各种途径，力图提高工农群众接受高等教育的机会。表明新中国从成立之初，就很重视在公平原则的基础上发展高等教育。但是，由于这一时期的文化教育事业基础薄弱，高等教育规模受到严格控制，招生人数极为有限，1955年，全国每万人中只有5个大学生。② 高等教育还处于精英阶段，使得享有高等教育机会仍然是少数人的“特权”。由此可以看到，在只有极少数人才有机会接受高等教育机会的精英教育阶段，要实现教育公平是不可能的。要实现高等教育公平，提高弱势群体接受高等教育的机会，不能只依靠现有的存量，而必须依靠增量来完成，也就是说，只有在高等教育规模不断扩大的过程中才有可能实现高等教育入学机会的公平。

2. 教育“革命”时期（1958－1976年）

毛泽东在1957年召开的全国宣传工作会议期间，强烈批评了教育中的“三脱离”（与政治、生产、工农相脱离）问题。要求教育为无产阶级政治服务，教育与生产劳动相结合，高校招生的标准强化了学生个人的政治出身和政治表现，而弱化了学业成绩。根据1958年到1964年的统计资料，工农家庭及本人是工农成分的，在历年录取新生的比例逐年上升，1964年上升到了70.10%，而剥削阶级家庭出身的子弟，在历年录取新生的比例逐年下降，1964年下降到5.32%。③

1966年文化大革命爆发，此后，招生开始强调政治身份及家庭

① 杨学为：《高考文献（上）1949－1976》，北京．高等教育出版社，2003年版，第72，525页。

② 《努力完成今年高等学校招生计划》，1956年3月17日《人民日报》。

③ 杨学为：《高考文献（上）1949－1976》，北京．高等教育出版社，2003年版，第72，525页。

出身，采取逆向招生的政策，取消以学业成绩为标准的高考选拔制度，采取免试推荐的入学制度。在招生工作中贯彻阶级路线，限制、剥夺非劳动人民子女的受教育机会。

1970 年以后，停止 4 年的高校招生工作开始恢复。其间，招生条件强调政治表现及家庭出身，出身于工农家庭的学生获得了较多的入学机会，家庭出身不好的学生则获得了较少的入学机会。1971 年 5 月对清华大学、北京大学等 7 所大学当年招生的 8966 名工农兵学员的统计数据显示，出身于工人、贫下中农、革命干部和其他劳动人民家庭的学生占 99.8% 的比例，出身剥削阶级家庭的学生比例占 0.2%。① 在 1972－1976 年间，北京大学新生中来自工农家庭的比例一直比较高，最高的达到 1974 年的 78.6%。② 但是，不能认为这个时期高等教育入学机会是公平的。首先，这种降低学业标准，免试入学，强调家庭出身，依据政治出身和政治表现来为高等学校选拔人才以及招生中一些矫枉过正、逆向歧视的做法，不仅无法实现工农子女平等的入学机会，反而限制了其他阶级子女的入学机会，造成各阶级间新的不平等，也造成了高等教育入学机会新的不公平；第二，这种做法导致了高等教育质量下滑；第三，由于把高等教育机会的分配权由国家和学校下放到个人手中，且缺少客观的标准和有效的监督，少数干部滥用职权，设法操纵有利于其子弟的入学方式，使他们的子弟在大学生中占据了不适当的比例。③

另外，虽然这一阶段高等教育规模在不断扩大，但是能够接受高等教育的人数还是极其稀少的，截至 1965 年，我国高等教育的毛

---

① 郑　谦：《被“革命”的教育：“文化大革命”中的“教育革命”》北京．中国青年出版社，1999 年版，第 83 页。

② 李文胜：《中国高等教育入学机会的公平性研究》，北京．北京大学博士研究生学位论文，2002 年，第 81 页。

③ R. 麦克法夸尔：《剑桥中华人民共和国史 1966－1982》，北京．中国社会科学出版社，1992 年版，第 601 页。

入学率才只有1.95%。[①] 所以，工农家庭的子女接受高等教育的机会也是很有限的。这个时期的高等教育遭受到了重大的损失，高等教育公平问题更是无从谈起。由此可以看出，仅靠单纯的理想是解决不了教育公平问题的。高等教育发展必须根据经济社会和教育发展的情况，从实际出发，遵循教育规律。高等教育入学机会公平的实现必须以高等教育健康发展为基础。

3. 恢复高考后的10年（1978－1998年）

1977年我国恢复了高校统一招生考试制度。邓小平在1977年指出："要实现现代化，关键是科学技术要能上去，发展科学技术，不抓教育不行，必须有知识、有人才。……要经过严格的考试，把最优秀的人集中到重点中学和大学"。[②] 这一年有1385万多人参加高考，大约有67.5万人得到了上大学的机会。尽管当时只有4.9%的录取率，但这次高考发出了一个重要的信号，即所有学生都有机会通过公平的竞争进入大学学习。随着1970年代末期中国经济改革的实施，中国的高等教育发展非常迅速，随之进入了一个比较平稳的发展轨道。[③] 此后，国家出台了一系列重点发展教育，尤其是高等教育的政策法规。

1983年至1985年，我国高等教育发展比较快。1983年，全国普通高等学校由1977年的404所增加到805所。当年普通高校招生39.1万人，比1982年增加24%，在校生达到120.7万人。1984年，全国普通高等学校增加到902所，招生人数增长到47.5万人，比上年增长21.6%。在校生达到139.6万人，比上年增长15.6%。1985

---

① 谢作栩：《中国高等教育大众化发展道路的研究》，福州．福建教育出版社，2001年版，第140页。

② 邓小平：《邓小平文选》（第二卷），北京．人民出版社，1994年版，第40页。

③ 李文胜：《中国高等教育发展中的成本负担和公平性问题研究》，载《医学教育探索》2003年第1期，第9－12页。

年，全国普通高等学校达1016所，比上年增加114所，该年招生人数61.9万人，比上年增长30.3%。在校生达到170.3万人，比上年增长21.6%。①

1992年，邓小平南巡讲话之后，我国经济进入高速发展时期。经济的发展对专业人才的培养提出了更高要求。为了适应经济发展的需要，党的十四大明确提出“必须把教育摆在优先发展的战略地位”。1993年2月13日中共中央、国务院颁布了《中国教育改革和发展纲要》，提出了“积极发展高等教育”的指导方针。当年我国普通高等学校招生92.4万人，比上年增长22.5%，在校生增加到253.6万人，到1995年，在校生已增加到290.6万人。②

这一时期可以说是建国后，广大人民群众对高等教育公平最满意的时期。因为高考刚刚恢复，所有的适龄青年都可以通过高考公平地取得接受的高等教育的机会。恢复高考和分数面前人人平等是这一阶段教育公平的重要体现。而且，这个时期，高等教育规模也在不断扩大，高等教育朝着健康的方向发展，使得更多的适龄青年能够接受高等教育。

但是，在恢复高考的最初几年，社会各个阶层的子女在接受高等教育机会上，差异依然存在。对1982级大学生家庭背景的调查结果表明，入学机会最少的是农业劳动者阶层子女，其辈出率为0.64，入学机会最高的是党政机关、企事业单位干部子女，其辈出率为8.52，后者是前者的13.31倍。而对1990级的大学生调查结果为，党政机关、企事业单位干部的辈出率是农业劳动者阶层的16.95倍。③ 这表明，在刚恢复高考的前几年，高等教育入学机会的差距还相对较小，而后则有所扩大。这一时期，我国的高等教育仍然处

① 郝维谦等：《高等教育史》，海口．海南出版社，2000年版，第388－390页。

② 郝维谦等：《高等教育史》，海口．海南出版社，2000年版，第388－390页。

③ 王伟宜：《中国不同社会阶层子女高等教育入学机会差异研究》，厦门．厦门大学博士学位论文，2006年版，第215页。

于精英发展阶段，到 1998 年高等教育毛入学率也只有 9.8%。① 这个时期我国的高等教育是在培养政治、经济等领域的少数精英人才，数量有限的大学毕业生逐渐在专业化的管理、教育、经济等领域中起着举足轻重的作用。所以，这个时期关于高等教育公平问题还没引起大家的高度重视，人们对于中国高等教育的发展还是持乐观的态度。对于弱势群体来说，虽然接受高等教育机会很有限，但是他们也是在很努力地通过公平的高考竞争来获取这些机会。因此，在高等教育发展的一定时期内，人们对高等教育公平的认识和追求也是不同的，当高等教育入学机会很少的时候，教育机会公平问题往往被人们忽视。

4. 高等教育大众化发展阶段（1999 年至今）

1999 年 1 月，国务院批转的教育部《面向 21 世纪教育振兴行动计划》明确提出，“高等教育规模有较大扩展，到 2010 年入学率接近 15%”。在该计划的指引下，中国启动了高等教育大众化进程，高等教育进入了前所未有的大发展时期。

在高等教育规模逐年扩大的同时，高等教育毛入学率也逐年提高，到 2006 年，我国高等教育的毛入学率达到 22%，已经进入了马丁·特罗教授所说的高等教育大众化阶段，到 2008 年我国的高等教育毛入学率达到了 23.3%。表 1.1 给出了这些年来反映我国高等教育规模变化的几个重要指标，从中不难看出我国高等教育近十多年来的发展是跳跃式的。

从表 1.1 的数据可以看出，高等教育的毛入学率从 1990 年的 3.4% 增加到 2007 年的 23%，每十万人口高等学校平均在校生人数从 1990 年的 326 人增加到了 2006 年的 1816 人，增加了 4.57 倍，高中升入高等学校的学生比例也在逐年增加，1990 年为 27.3%，到

① 《中国教育统计年鉴 2008》，北京. 人民教育出版社，2008 年版，第 15 页。

2006 年增加到了 75.1%，增加了 47.8 个百分点。无论从哪个指标来看，我国高等教育的发展速度都是惊人的，发展成就也是令世人震惊的。在十几年时间内，我国高等教育就进入了高等教育大众化发展阶段，并在向着高等教育的普及化阶段迈进，中国成为了高等教育大国。高等教育的大发展为更多的适龄青年提供了接受高等教育的机会，这为实现我国高等教育的公平奠定了良好的基础。“随着高等教育规模的持续扩张，我国各阶层子女高等教育入学机会差异走过了一条先扩大后缩小的道路”，“改革开放以来，尤其近几年我国高等教育规模的大幅扩张，对缩小各阶层子女间的入学机会差异起到重要的作用。没有这几年高等教育规模的较快发展为这些中间阶层子女提供了一定的入学机会，我们也就看不到当前各阶层子女间入学机会差异缩小的这一好兆头”。[①] 而且，随着高等教育大众化的到来，高等教育本身的功能也发生了变化，高等教育不再只是培养精英人才，而是培养更广大的劳动者。人们接受高等教育的愿望也在不断增强，人们也渐渐地认为，上大学已经不是什么“奢望”，而是一种权利。因此在更多的适龄青年能够接受高等教育的同时，也使更多的人产生接受高等教育的强烈愿望，由此人们对教育公平的问题也更加重视了。

表 1.1　高等教育毛入学率、每十万人口高等学校平均在校生数和高中升学情况数据

年份	高等教育毛入学率（%）	每十万人口高等学校平均在校生数（人）	高中升高等教育的比例（%）
1990	3.4	326	27.3
1991	3.5	304	28.7
1992	3.9	313	34.9

① 王伟宜：《中国不同社会阶层子女高等教育入学机会差异研究》，厦门．厦门大学博士学位论文，2006 年，第 228 页。

(续表)

年份	高等教育毛入学率(%)	每十万人口高等学校平均在校生数(人)	高中升高等教育的比例(%)
1993	5.0	376	43.3
1994	6.0	433	46.7
1995	7.2	457	49.9
1996	8.3	470	51.0
1997	9.1	482	48.6
1998	9.8	519	46.1
1999	10.5	594	63.8
2000	12.5	723	73.2
2001	13.3	931	78.8
2002	15.0	1146	83.5
2003	17.0	1298	83.4
2004	19.0	1420	82.5
2005	21.0	1613	76.3
2006	22.0	1816	75.1
2007	23.0	1924	71.8
2008	23.3	2042	72.7

资料来源：中华人民共和国教育部发展规划司. 中国教育统计年鉴2006，人民教育出版社，2007.15，16；中华人民共和国国家统计局. 中国统计年鉴2008，中国统计出版社，2008.789，801；中国教育年鉴2008，人民教育出版社，2008.114；中国教育统计年鉴2008.15。

从以上的论述可以看出，在精英高等教育阶段，我国高等教育规模小，高等教育入学机会很少，要实现教育公平是不可能的，而到了大众化阶段，教育公平问题是不是就不存在了？答案是否定的。相反，在这个阶段，高等教育公平问题依然存在，而且会更加引起人们的关注。

中国高等教育正经历着从精英向大众化的过渡阶段，这一阶段的高等教育既保留着精英教育的基本特征，又开始出现高等教育大众化的形态，这使得教育公平问题出现了许多新的变化和特点。美国社会学家马丁·特罗教授的大众化理论给我们了很好的解释。马丁·特罗教授认为，在高等教育发展的不同阶段，学生选拔的原则也是多种多样的。第一阶段，精英高等教育中以严格的精英原则招收合格的学生，然而这个过程完全是建立在教育机会极不平等的基础之上，高等教育的入学机会几乎全部由一小部分精英型学术预备学校提供；第二阶段，不断增长的民主化压力、经济的需求和高等教育本身的增长导致中等学校的扩张和分流，这为学生接受高等教育做了准备。这个阶段的标志是教育机会不断增加，有可能使来自社会较底层家庭的有能力的学生进入大学。然而在这个阶段，大学人数的增加主要是中上层家庭的学生比例的提高，他们几乎在所有的地方都是首先享有新增加的任何类型和层次的教育机会；在第三阶段，人们开始清醒而广泛地认识到社会不平等对教育成就的影响，从而使人们努力减少社会不平等的影响；第四阶段，平等主义攻击高等教育的选拔原则，并要求大学实行开放入学。这个阶段标志着从教育机会均等的原则向所有社会群体和阶层的人教育成就平等的更加激进原则的重大转变。①

高等教育规模的扩张虽然能为更多子女提供接受高等教育的机会，但是高等教育大众化自身不能消除高等教育入学机会的差异性，教育公平问题依然是发展中国家高等教育大众化进程中所面临的严峻挑战。日本教育社会学者田野郁夫研究指出，日本高等教育的大众化并没有把高等教育的机会向低阶层全面开放，高等教育数量上大发展了，但下层阶级的升学机会仍然是狭窄的、关闭的。②“高等教育早期的扩张阶段，高等教育入学机会的差异性没有减少，反而

① 马丁·特罗：《从精英向大众高等教育转变中的问题》，载《外国高等教育资料》1999 年第 1 期，第 1－22 页。

② 陈兴明：《特罗的大众化理论中的教育公平观及启示》，载《黑龙江高教研究》2003 年第 6 期，第 146－149 页。

在增加”。[①] 尽管这是国外高等教育在扩张过程中所出现的教育公平问题，但对我们国家高等教育的发展也具有很重要的启发意义。这些研究结果告诉我们，在追求高等教育规模扩张的过程中，一定不要忽视教育的公平问题。

改革开放以来我国的经济发展取得了举世瞩目的成就，然而“经历了30年让人惊叹的发展速度后，中国的经济奇迹似乎不再像过去一样获得广泛赞许，反之，对这个经济发展道路的质疑，正从国内少数群体中扩散到国际舆论上”，“因为缺乏对社会、民生、环境问题的补偿机制，其他矛盾正在凸显”。[②] 因此，我国的高等教育发展不要像经济发展那样，只追求单一的发展指标。我国在大力扩大高等教育规模的同时，要同时考虑高等教育的协调发展。知识经济时代，中国高等教育规模开始快速膨胀，大众化教育扩张阶段，大学生的角色由干部转化为普通劳动者。除了强化学术研究等功能外，高等教育已成为他们进入社会必要的培训平台。所以说，全民参与是未来高等教育发展的趋势，而现阶段的大众化就是要使大部分人都能有机会接受高等教育。

第二节　高等教育入学机会差异性问题研究综述

高等教育机会公平问题是个亘久长存的话题，高等教育公平的内涵和表现形式也是不断发展变化的。世界上大多数国家包括美国等发达国家都不同程度地存在着高等教育机会不公平问题。由于人们对教育公平的永恒追求，也使得这方面的研究成果很丰富，并且还在不断增加。本章对国内外已有的研究成果进行梳理，通过对这

---

① 马丁·特罗：《从精英向大众高等教育转变中的问题》，载《外国高等教育资料》1999年第1期，第1－22页。

② 韩咏红：《改革30年，不能再做单项冠军》［2008－01－04］．http://www. zaobao. com/zg/zg080104_ 505. shtml.

些研究成果的特点总结与分析，找出在这个领域尚待研究的问题，为提出本研究的研究视角和研究内容奠定基础。

一、我国高等教育入学机会差异问题的研究

建国以后，我国政治上是人民当家作主和无产阶级专政，我国的经济体制较为单一，人事制度、户籍制度以及分配制度比较严格，因此，社会分层还不是很明显，各利益群体之间的差别不大，基本上可分为工人、农民、干部三大阶层。政府十分关心工农及其子女接受高等教育的机会，各阶层子女高等教育入学机会的差异性问题没有引起学者的关注。改革开放以来，随着社会主义市场经济体制的建立和政治体制改革的深入，以及户籍和人事制度的宽松，社会流动的速度加快了，社会成员在经济收入、社会福利上的差距拉大了，社会分层越来越复杂，贫富差距也出现了。社会阶层差异逐渐凸显的主要特点有：阶层分化越来越明显，不同家庭背景的人们之间在社会地位、社会声望、家庭经济收入等方面的差距越来越大。这种差距同时也反映在教育领域，不同家庭背景子女之间在接受高等教育机会方面产生差异，影响了教育公平的实现。这一问题，引起了教育社会学者们的高度关注，尤其是近几年，有关高等教育入学机会差异性的研究成果越来越多。这些研究在调查研究对象和调查时间段上有所不同，研究所强调的重点不尽相同，但是他们均得出了较为有价值的研究成果。下面我们对已有的部分研究成果进行梳理，在此基础上提出本研究的主题。

首先，从研究内容和方法来看，许多研究是采用实证研究的方法来探讨家庭背景对其子女接受高等教育的影响。这类研究大多选取父母的职业、父母的文化程度、家庭经济收入等指标，来对不同家庭背景子女入学机会差异性进行对比和分析。方跃林通过对福建省部分高校 1990 级 1708 名大学生家庭背景的抽样调查，分析了家

庭居住地（城乡）、父亲职业、父亲文化程度（学历）、家庭经济状况对子女高等教育入学机会的影响。① 1996 年，国家社会科学基金“八五”重点科研课题《人力资源开发与社会流动》课题组成员，通过查阅学生档案的方法，对重庆市的理工院校、师范院校、医学院校、军事院校、农业院校、外语院校、艺术院校及地方院校等八所不同类型高校 1990 - 1995 年期间的 5809 名本科生的父亲职业情况进行了统计分析，研究了父亲的职业状况对子女高等教育入学机会的影响作用。② 吴德刚于 1990 年代对西安地区 11 所高校 1989 级的 1981 名学生父母的职业、受教育程度进行了调查研究，不仅考察父亲的职业和文化程度对子女入学机会的影响，同时也把母亲的因素考虑了进去。1998 年，由香港中文大学教育学院主持，国内相关学者参与，钟宇平等人对我国北京、南京和西安 3 个地区 14 所高校共 13511 名本科生的家庭背景等进行了问卷调查。该项研究从父亲职业、父亲受教育程度及家庭收入等方面探讨了不同家庭背景子女在不同类型、不同层次、不同隶属关系的高校中的机会差异及就读不同专业的机会差异。③ 1998 年谢维和等人对我国 37 所不同类型高校共 69285 名学生的家庭背景进行了调查研究，该研究分析了父亲的不同职业与学生所选择的高校类型之间的关系。④ 以上这些研究是我国高校全面扩招之前进行的，而随着 1999 年我国高等教育大众化进程的启动，以及随后的不断推进，高等教育入学机会的差异性

① 方跃林:《社会阶层化与高等教育入学机会的差异性研究》，厦门. 厦门大学硕士学位论文，1991 年。

② 孟东方等:《学生父亲职业与高等教育专业选择关系的研究》，载《青年研究》1996 年第 11 期，第 24 - 29 页。

③ 钟于平等:《收费条件下学生选择高校影响因素分析》，载《高等教育研究》1999 年第 2 期，第 31 - 42 页。

④ 谢维和等:《高等教育公平性的调查与研究报告》，载《教育政策的经济分析》（曾满超编），北京. 人民教育出版社，2000 年版，第 257 - 260 页。

是否呈现出了新的变化？这一问题同样引起了学者们的高度关注。因此，在这方面的研究成果也在不断丰富，其中较有影响的是厦门大学谢作栩教授进行的研究，这项研究在2002－2003年对福建、湖南、四川3省18所高校的2002级共6773名在校生父亲职业进行了统计，① 在研究中引入了辈出率这一指标来衡量我国各阶层子女间入学机会的差异程度问题。随后在谢作栩教授的指导下，厦门大学博士生王伟宜所撰写的博士学位论文《中国不同社会阶层子女高等教育入学机会差异研究》进一步地对我国各个阶层高等教育入学机会的状况进行了调查研究。该论文不仅研究了现阶段高等教育入学差异性的状况及其成因，而且还对1978年以来，我国各个阶层高等教育入学机会的状况进行了历史考察。文东茅通过对7个省市15222名本专科毕业生父母的职业地位和受教育情况的调查数据分析，考察了不同阶层家庭的学生接受高等教育的差异性，并分析了家庭背景对高校毕业生就业的影响，在此基础上探讨了家庭背景对个人学业成绩和就业影响的途径和机制。②

其次，从研究结论来看，已有研究成果所得出了较为一致的研究结论：家长的文化程度、职业类别、家庭收入、家庭居住地等家庭背景差异会导致子女入学机会的差异，在高等教育阶段表现更为明显。即家庭背景对子女接受高等教育有重要影响，家庭背景好的子女接受高等教育的机会较多，而且选择重点大学和热门专业的机会也较多，而家庭背景较差的则相反。具体来讲，高等教育入学机会差异性的表现形式为：

第一，高等教育入学机会的城乡差异显著。中国是典型的城乡二元社会，这种特征很明显地反映在高等教育领域，即，城乡学生

① 谢作栩等：《闽、湘、川3省社会阶层高等教育机会差异的初步调查》，载《教育与经济》2004年第3期，第3－6页。

② 文东茅：《家庭背景对我国高等教育机会及毕业生就业的影响》，载《北京大学教育评论》2005年第3期，第58－63页。

高等教育入学机会的差异性十分显著。从总体上看，农村学生在高校中所占的比例明显地低于城市学生；从学校类型分布来看，重点高校的学生城乡差距最大，农村学生更多地分布在层次较低的地方性高校。① 也就是说，农村学生上大学的机会远远低于城市学生，而上重点大学的机会则更少，在农村学生所获得的少有的高等教育入学机会也仅仅是层次较低的高职高专院校。

第二，高等教育的阶层差异显著。如前面所述，中国目前的阶层差距十分显著，而反映在教育领域，各个阶层的子女在接受高等教育方面同样是十分悬殊的。王伟宜的研究表明，在中国十大阶层中，国家与社会管理者、经理人员、私营企业主、专业技术人员和个体工商户五个阶层的辈出率超过了平均值1，而其他五个阶层的辈出率均低于1。其中，辈出率最高的是私营企业主阶层，为5.60，最低的是无业失业半失业人员阶层，仅为0.42，二者差距为13倍。这说明，私营企业主阶层子女接受高等教育的机会是无业失业半失业人员阶层子女的13倍。此外，占就业人口42.9%的农业劳动者阶层的辈出率也较低，仅为0.63，这表明，有相当一部分农业劳动者阶层子女无法接受高等教育。从统计结果可以看出，各阶层子女在高等教育入学机会方面存在较大差距，中上阶层子女处于明显的优势地位，而底层社会子女则处于劣势地位。从不同高校的类型来看，在部属重点高校中，国家与社会管理者阶层子女处于明显的优势地位，他们拥有更多的入学机会；商业服务业员工、产业工人、农业劳动者等这些占人口绝大部分的低阶层，由于没有多少资源，其子女进入重点高校的机会就非常有限。国家与社会管理者和专业技术人员两大精英阶层子女，大多数就读于部属重点高校和公办普通本科院校；新兴的经理人员和私营企业主阶层子女，除在公办院校占有一定的比例外，在民办高职院校和独立学院也拥有较多的入学机

---

① 曾满超：《教育政策的经济分析》，北京．人民教育出版社，2000年版，第264页。

会；作为中间阶层的办事人员，其子女多半就读于公办院校且在几类公办院校中的分布较均匀，而在民办院校中的比例则较少；而其他五个中下阶层子女则多数就读于公办普通本科院校尤其公办高职院校，后者容纳了出身于这五个中下阶层三分之一左右的子女。无论哪个时期，均是部属重点高校中各阶层子女间入学机会差异最大，其次为普通本科院校，而高职院校中差异最小。① 从历史上来看，1977 年到 1980 年，工农子弟在北京大学就读的比例远远低于干部、军人子弟。②

第三，高等教育入学机会存在性别差异。王香丽的研究表明，我国高等教育入学机会总体上男性的入学机会要多于女性，但是不同阶层和城乡的男女入学机会的差异性是不同的。对于农村和低阶层的子女来说，其高等教育入学机会的性别差异十分显著，而对于城市和高阶层子女的来说，其高等教育入学机会的性别基本没有差异。其实女性高等教育入学的差异性也反映了高等教育入学机会在城乡和阶层上的差异。③

可以看出，我国高等教育入学机会的差异性是多种多样的，但是，其最大的差异则表现为城乡差异。“在各个阶层中，入学机会处于最弱势地位的群体是农业劳动者阶层，这与城乡差异中，乡村学生的入学机会少是吻合的。所以说，阶层差异和城乡差异有着极大的相似性，阶层差异在一定程度上也是城乡差异的一种反映，在入学机会的差异中，城乡差异最为显著”。④ 方跃林通过比较得出，在

① 王伟宜：《中国不同社会阶层子女高等教育入学机会差异研究》，厦门．厦门大学博士学位论文，2006 年版，第 229 页。

② 李文胜：《中国经济发展战略与中国高等教育入学机会的公平》，载《公平与效率：21 世纪高等教育改革和发展》（刘海峰主编），福州．福建教育出版社，2003 年版，第 425 页。

③ 王香丽：《我国女性高等教育入学机会差异性的个案研究》，厦门．厦门大学硕士学位论文，1998 年。

④ 王香丽：《广东高等教育入学机会研究》，载《高教探索》2005 年第 3 期，第 11－13 页。

发展中国家，高等教育机会问题首先表现为城乡差异，而在发达国家则更密切地与家庭背景联系起来。①

从1999年我国开始启动高等教育大众化进程至今，已经有将近10年的时间，在这个过程中，我国高等教育规模不断扩张，高等教育大众化的进程也不断加快，接受高等教育的人数越来越多，但是，“我国高等教育的快速增长，主要是以扩大处于强势社会地位人口接受高等教育的机会实现的，城市人口、经济发达地区人口、富裕阶层和男性是前一时期高等教育增长中的主要受益者。然而，农村人口、经济欠发达地区人口、欠富裕阶层人口和女性人口在我国总人口中占有十分特殊的地位，事实上，如果不解决这些人口人群接受高等教育的问题，我国高等教育也不可能真正实现大众化”。② 王伟宜对1978年以来中国各阶层子女高等教育入学机会演变的研究表明，二十年间，农业劳动者阶层子女的入学机会一直处于逐渐下降的趋势中，该阶层在部属重点高校的比例很低，在普通本科院校和高职类院校中就读的机会稍多一些。③

可以看出，我国高等教育入学机会差异方面还存在很多问题，追求高等教育公平的道路很长，任务很重；同时，也可以看出，在高等教育的发展不同的时期，高等教育公平状况有不同的表现形式。这些关于我国高等教育入学机会方面的研究成果，对考察我国高等教育入学机会差异性的现状及其成因具有重要意义。

已有研究成果具有以下特点：第一，从研究视角来看，主要研究高等教育入学机会的阶层差异、性别差异等，虽然对城乡差异也有所涉及，但是这方面的研究还比较欠缺，有待于进一步深入探讨；

---

① 方跃林：《社会阶层化与高等教育入学机会的差异性研究》，厦门大学硕士学位论文，1991年。

② 别敦荣：《我国高等教育大众化道路上的公平问题研究》，载《北京大学教育评论》2003年第3期，第54-59页。

③ 王伟宜：《中国不同社会阶层子女高等教育入学机会差异研究》，厦门. 厦门大学博士学位论文，2006年，第216-223页。

第二，从研究对象来看，主要是以在校大学生作为调查研究对象，以高中学生为主要调查对象，对于他们的升学选择的研究很少；第三，从研究指标的选择上来看，家庭背景主要包括家长的文化程度、家长的职业、家庭经济收入等，入学机会的指标主要包括学生所考入高校的层次、类型，学生所报考的专业等；第四，已有研究属于静态研究，通过对调查数据的分析，使人们能够直接感受到教育机会差异的存在，但是，没有对调查对象进行动态的考察；第五，在对不公平问题揭示以后，如何解决这一问题，探讨的还不多；第六，已有研究更多从高等教育体系本身，并基于已经发生了的事实来探究高等教育机会差异性问题，而从无法享受高等教育机会青年人的角度开展的研究相对较少。

二、国外的有关研究

20 世纪六七十年代之后，随着世界各发达国家先后步入高等教育大众化阶段，有关高等教育入学机会的问题也日益引起广大学者的高度重视，研究成果日益丰富，研究的内容、方法也在不断地创新，得出了很多有意义的研究结论。无论是从研究的深度还是广度来看，都是值得我们去借鉴的。本部分我们选取国外部分有关家庭背景对子女高等教育入学机会影响的文献进行综述。

从美国对家庭背景与高等教育入学机会的研究对象来看，既有以高中生作为调查研究对象的研究成果，也有以高校在校生为对象的研究成果。而且这两方面的研究成果都很多。在以高中学生为调查对象的研究中，是采用跟踪调查研究的方法，研究学生所处的家庭社会经济地位对其升入大学的影响。

从 1967 年开始，西威（Sewell，William H）等人花费了长达七年的时间，对威斯康辛州内公、私立及教会高中高年级来自不同社会经济地位的学生升入大学并完成学业的情况进行了跟踪调查研究。

研究结果表明，“家庭社会经济地位与学生智商两者对这些高中学生入大学的计划、入大学就读的机会、能否顺利拿到学位，有直接连续的影响”。但是，家庭社会经济地位与学生智商对不同性别所起的作用是不同的，“就男生而言，智商对入大学的计划，以及对在大学就读的机会与能否顺利毕业的影响，要大于家庭社会经济地位的影响；但对女性而言情形正好相反，即家庭社会经济地位的影响要较智商的影响大些”。“对已入大学就读的学生而言，智商对其是否能顺利完成大学学业的影响程度要大于社会经济地位的影响。然而，这并不是说，在进入大学就读后，家庭社会经济地位对其是否能顺利完成就毫无作用，而是指家庭社会经济地位的影响在其入大学时的选择过程即已发挥作用，入大学后的学业表现，个人智商的影响此时开始浮现”。①

1973 年，派内尔通过对高中学生家庭经济状况的调查，研究了家庭经济状况的差异对高中学生升学机会的影响。研究发现，“在同等学历的高中毕业生中，处于社会经济最底层的 1/4 人口与处于最顶层的 1/4 人口相比，升入大学的比例数，男子平均约低 25%，女子约低 35%。在能力处于紧挨底层的 1/4 人中间，这个鸿沟最宽，那里的入学率，男子从 39%（社会经济处于底层的 1/4）到 62%（顶层），女子从 25% 到 66%。在能力处于顶层的 1/4 人中间，对应的数字是男子的 75% 到 88%，女子的 67% 到 88%”。②

塞缪尔·鲍尔斯（Samuel Bowles）等人不仅研究了由于家庭经济收入不同而导致的学生接受中学教育的差别，而且还研究了不同家庭经济收入的高中学生升入大学机会的差异。研究表明，“在受教育年限方面，所产生的社会阶级不平等现象，有一部分原因是相当

---

① 杨　莹：《台湾地区教育扩展过程中不同家庭背景子女受教机会差异之研究》，国立台湾师范大学博士学位论文，1988 年，第 56 页。

② 王伟宜：《中国不同社会阶层子女高等教育入学机会差异研究》，厦门．厦门大学博士学位论文，2006 年，第 61－62 页。

数量的比较贫苦家庭的孩子没有读完中学”，“这些不平等现象由于那些在中学毕了业的学生，在上大学方面也存在着阶级的不平等而加剧了：即在那些中学毕业生中，每年低于3000美元的家庭子女不可能上大学的人数是每年收入高于150000美元的家庭的子女的6倍多”。①

2004年，美国大学委员会发表了一份题为“Education Pays: The Benefits of Higher Education for Individuals and Society”的年度报告。Sandy Baum（大学委员会资深政策分析专家）和Kathleen Payea（大学委员会顾问）两人合撰了这份报告，该报告从家庭收入、父母受教育水平，以及社会经济地位等多个方面，对1992年高中毕业生获得高等教育机会进行了跟踪调查研究。该报告不仅研究了家庭背景对高中毕业生能否接受高等教育的影响，还研究了家庭背景对1992年高中毕业生2000年最终获得的各种学业进行了综合分析。研究结果表明，家庭社会经济地位不同的学生不仅在入学机会，而且在最终的学业成就方面都存在显著差异。②

Teachman利用美国1972年的一项高中调查数据，探讨家庭背景对子女高中教育状况的影响。其研究结果指出：父母的职业、收入和受教育程度对子女的高中教育机会获得，以及其在高中阶段的学业成绩都具有非常重要的影响。Lucas利用1980年美国高中以上受教育程度人群的调查数据，通过建立回归模型，对比美国20世纪80年代前后家庭背景对高中学生毕业和进入大学的影响。其研究结果发现：20世纪80年代后，学费水平的提高和公共财政资助的减少，使得家庭背景对子女教育机会获得的影响有所加强。其中，父母的受教育程度以及父亲的年收入对子女高等教育机会获得的影响，比

① 塞缪尔·鲍尔斯：《不平等的教育和社会分工的再生产》，载《国外教育社会学基本文选》（张人杰主编），上海．华东师范大学出版社，1989年版，第225页。

② 王伟宜：《中国不同社会阶层子女高等教育入学机会差异研究》，厦门．厦门大学博士学位论文，2006年，第66－67页。

对子女能否高中毕业的影响更大。①

其他国家对教育与社会阶层的研究成果也有很多。日本学者秦政春的研究表明，在升入高中时，不同类型的高中就已经产生了升学机会的阶层不平等。专业阶层的子女以两倍于平均值的比例，集中在对大学具有较高升学率的高中。而体力劳动者阶层的子女则以超过平均的比例被送入了专业高中和低升学率的高中。越是高升学率的名牌学校，高出身阶层的学生越多，相反，低升学率的高中里，集中了低出身阶层的子女。这样，在高等教育的升学机会方面，各阶层间存在着差别。此项调查研究表明，各类高中升学率的差别是绝对存在的。在升学率最低的高中，高等教育入学机会在阶层间的不均等，就表现得最为典型。②

日本教育社会学者苅谷刚彦在对 1945—1994 年间教育发展有关数据的统计分析的基础上指出：战后的教育扩大并没有消除教育机会的阶层差，而只是使其表现的形式变得更隐蔽，即：从原来的高中入学率和大学升学率的高低转变为高中学校的类型和名牌大学升学率的高低。换言之，当前日本教育机会的阶层差问题，不是表现在前者上，而是表现在后者上。例如，在 1970—1990 年的二十年间，东京大学学生的监护人的职业构成中，属于专家、管理者等上层阶层（医生、律师、大学教授等专业人员，大型企业、高级行政部门的管理者以及中小型企业的经营者）的比例，一直稳定在 70% 左右，基本上没有大的变化。这二十年中，从公立高中升入东京大学的比例，从 70% 骤减到 50%，相反，来自私立高中的入学者，从 30% 大幅度地攀升至 50%。无论来自于何种高中，东京大学学生的家庭出身阶层的构成比率本身在这期间并没有产生大的变化。这表

① 郭丛斌、闵维方：《家庭经济和文化资本对子女教育机会获得的影响》，载《高等教育研究》2006 年第 11 期，第 24－31 页。

② 渡边雅男：《现代日本的阶层差别及其固定化》(陆泽军，等译)，北京．中央编译出版社，1998 年版，第 190－191 页。

明，东京大学的入学者，主要由特定的社会阶层（上层）的子女所独占。进入东京大学的机会，长期存在着阶层间的不平等状态。①

1963 年，以罗宾斯为主席的罗宾斯委员会所完成的研究成果——《罗宾斯报告》（the Robbins Report），对不同家庭背景子女高等教育入学机会之差异进行了初步的探讨。报告中所称家庭背景，是以父母职业与教育为区分标准的。将父母职业划分为非手工（non－manual）和手工（manual）两大类。然后再进行细分，将非手工再分为高级专业人员（higher professional）、经理及其他专业人员（managerial and other professional）以及文员（clerical）；而将手工分为技术（skilled）、半技术（semi－skilled）及非技术（un－skilled）劳工。而父母教育，是以父母是否曾在选择性学校就学以及离校年龄而进行分类。

研究结果显示，总体上，1961 年，非手工家庭子女进入高等教育机构攻读学位课程者，约为手工家庭子女之六倍。即使控制个人智力因素，父母职业不同的子女在高等教育入学机会上仍存在一定差异。以智商在 130 以上为例，41% 的非手工家庭子女可以获得高等教育就学机会，而手工家庭的这一比例为 30%。智商在 115－129 之间的样本中，差异有所扩大，非手工家庭子女进入高等教育机构就读的比例为 34%，而手工家庭子女的这一比例仅为 15%。在父母教育与子女入学机会之关系方面，父亲曾在选择性学校就读者，其子女接受高等教育的机会是父亲仅具有基础教育水平子女的四倍。同时，父母之一曾就读于选择性中学者，其子女进入高等教育机构攻读学位课程的机会，是父母均未曾在选择性中学就读者子女的六倍。此外，报告也根据父母离校年龄来分析子女高等教育入学机会的差异。研究发现，父亲在十六岁以下离校者，其子女进入高等教

① 翁文艳：《日本学校教育中平等与不平等问题的考察》，载《外国教育研究》2002 年第 9 期，第 1－5 页。

育机构攻读学位课程的机会只有2%；而父亲十八岁以上才离校者，其子女的相应机会却为32%，二者相差16倍。将母亲离校年龄分为十八岁以上、十六岁或十七岁、十六岁以下三组时，其子女进入高等教育机构攻读学位课程的比例分别为25%、19%和2%，差距最大为13倍，即母亲离校年龄在十八岁以上者，其子女接受高等教育的机会是父母离校年龄在十六岁以下者子女的13倍。①

澳大利亚学者詹姆斯（James）对澳大利亚1991－1997年的调查数据进行研究发现：尽管澳大利亚的高等教育在过去的10年间有了较大规模的扩展，但强势社会阶层的子女拥有优势高等教育资源的机会却明显增加，而弱势社会阶层的子女占用高等教育机会的比例则有所减少，并且弱势群体的子女主要进入一些新建的较低层次的高等院校。②

Clancy对1992年爱尔兰的调查数据进行分析的结果表明：家庭背景对子女高等教育机会获得具有较大的影响，占总人口不到21%的4个上层社会群体拥有38%的高等教育机会；而占总人口56%的5个下层社会群体仅占有35%的高等教育机会。另外，他通过对比1992年、1986年和1980年的高等教育机会分布状况，发现1992年的高等教育机会分布状况最为公平，究其原因在于爱尔兰高等教育规模的扩大。③

通过对发达国家有关高等教育入学机会部分研究成果的概述，发现，国外有关高等教育入学机会的研究比较深入、细致，研究成果十分丰富。从家庭背景对学生的学业成绩、升学机会、获得学位

① 王伟宜：《中国不同社会阶层子女高等教育入学机会差异研究》，厦门. 厦门大学博士学位论文，2006年，第54－55页。

② 郭丛斌、闵维方：《家庭经济和文化资本对子女教育机会获得的影响》，载《高等教育研究》2006年第11期，第24－31页。

③ 郭丛斌、闵维方：《家庭经济和文化资本对子女教育机会获得的影响》，载《高等教育研究》2006年第11期，第24－31页。

的情况等多方面进行了研究，而且所进行的追踪研究也很多。相对而言，我们国家在这些方面还不是很深入，尤其是在追踪调查研究方面还十分欠缺。虽然，国外的一些研究成果对我们的教育实践有一定的指导意义，但是，由于社会制度以及经济社会和教育发展水平之间的差异，不能把国外的研究所得出的结论直接应用到我国的教育实践之中，必须根据自己的国情和教育发展的实际情况，探索我国在这方面所存在的问题以及解决途径。

第三节　教育公平理论概述

教育公平是一个永恒的话题，实现教育公平是人类崇高的价值追求。自人类产生阶级社会以来，教育公平就一直存在着并成为不同历史时期教育社会学家们研究的一个重要课题。同时，随着经济社会的发展，到了20世纪中叶以来，教育公平成为保障人权的重要内容。教育公平问题也日益成为全社会强烈关注的一个社会问题。教育公平作为社会公平价值在教育领域的延伸和体现，不仅是教育现代化的基本价值和基本目标，也是社会公平的重要基石。

一、教育公平的内涵及其历史演变

柏拉图（Plato）在《理想国》中，从两个方面阐述了教育公平的含义：第一，公平的教育应该使每个人特有的能力得到发展。为了使每个人都能通过教育获得发展，必须提供相同的教育机会，这种机会不应该受种族、地域、家庭背景、经济状况等外在因素的影响；第二，个人的能力应该以有益于整个国家的方式去发展，也就是说个人的发展不能以妨碍他人或整个社会的发展为代价。在中国的春秋战国时代，孔子就提出了“有教无类”的思想。其教育公平的内涵主要体现在三个方面：其一是招学生兼收并蓄，不论贫富贵贱；其二是招收学生并没有明确年龄限制；其三是招收学生不限地域，列国之中弟子无数，甚至还有少数民族的子弟。① 这一思想是孔子教育思想中一个很重要的内容，在中国古代教育史乃至整个世界古代教育史上都具有十分重要的意义，它反映了孔子追求教育公平的情怀。但是在生产力水平十分低下的情况下，对教育公平的追求不具备可行性，只能算是一种乌托邦的美好愿望。

随着现代社会经济和文化等各方面的发展，人类进入了现代社会。现代化大生产要求人们在现代的学校里接受正规教育。在以科学技术为基础的现代化大生产驱动下，产生了扩大教育机会、人人享受平等教育的诉求。教育公平是新兴的资产阶级的平等思想在教育领域的集中体现，反映新的生产关系对教育制度提出的新的要求。16 世纪以来，教育平等的主张一直是西方思想先驱反复阐述的一个热门话题。首先提出教育平等思想的是德国宗教改革领袖马丁·路德，他在宗教形式掩护下发动的反封建的首次大战中曾提出国家管理学校，儿童不分贫富、男女都应入学。18 世纪，法国启蒙思想的杰出代表卢梭首次赋予受教育以人权的意义，使教育平等思想又上了一个新的台阶。②

18 世纪末期以后，教育公平思想开始在一些西方国家转化为最初的立法措施，经过西方资产阶级大革命，在法律上保证了人人都有受教育的权利。法国政府于 1883 年颁布了发展初等教育的法令，1881 年颁发实施三年制免费义务教育的规定。在美国，早在 1779 年，杰斐逊就提出了普及教育的主张，1852 年马萨诸塞州颁布第一部义务教育法令，随后其他各州纷纷仿效，到 1918 年最后一部州义务教育法颁布完成。在英法两国影响下，其他西方工业国家也纷纷

---

① 周志奇、刘伟：《中国传统教育公平思想的现代价值拓展》，载《东岳论丛》2008 年第 6 期，第 202－204 页。

② 金一鸣：《教育社会学》，石家庄. 河北教育出版社，1996 年版，第 83，84 页。

推行义务教育，于20世纪40年代，终于实现了初等义务教育的普及，这具有非常重要的历史意义。

随着马克思主义理论的诞生，教育平等观又得到了进一步的发展。1866年马克思提出了一个基本观点：教育是“人类发展的正常条件”和每一公民的“真正利益”。恩格斯更是明确指出：需要国家出资对一切儿童毫无例外地实行普遍教育，直到他作为社会独立成员的年龄为止。显然，马恩所论述的“教育的平等性”，包括两层深刻的含义：其一，教育是每一个公民都应该拥有的一项平等权利；其二，这种平等表现为每个人智力和能力发展的平等。①

第二次世界大战以后，随着教育民主化进程的推进，一场大规模的教育发展浪潮开始了。1948年联合国通过的《世界人权宣言》规定人人都有受教育的权利，教育应当免费，初等教育是义务的，而高等教育的入学，应该根据才能对所有人完全平等地开放。这种权利不分种族、肤色、性别、语言、宗教、政治或其他见解、国籍或社会出身、财产、出生或其他身份。并提出了两条基本原则，其一是废除种族歧视，其二是人人具有均等地受教育的权利。这两项原则实际构成了“教育机会均等”概念的核心。② 1960年，联合国教科文组织详尽阐述了“教育机会均等”的概念，它包括“消除歧视”和“消除不平等”两个部分。“歧视”是指“基于种族、肤色、性别、语言、宗教、政治或其他观点、民族或社会出身、经济条件或家庭背景之上的任何差别，排斥、限制或给予某些人以优先权，其目的在于取消或减弱教育中的均等对待。”其表现为：“第一，剥夺某个体或团体进入各级各类教育的机会；第二，把某个体或团体限于接受低标准的教育；第三，为了某些人及团体的利益，坚持分

① 马和民、许小平：《西方关于教育平等的理论》，载《杭州师范学院学报》1999年第1期，第73－78页。

② 马和民、许小平：《西方关于教育平等的理论》，载《杭州师范学院学报》1999年第1期，第73－78页。

流教育制度；第四，使某些人及团体处于与人的尊严不相容的处境。而“不均等”是指：在某些地区之间和团体之间存在的、不是故意造成也不是因偏见形成的差别对待。①

随着社会发展水平的提高、平等思想的渗透，西方各工业发达国家在教育改革中纷纷推出扩大并均等教育机会的新举措。二战后出现的一批社会主义国家和独立的民族国家也同样把扩大并均等教育机会作为本国教育改革的基本目标。正如国际教育计划研究所首任所长库姆斯在总结当时的教育现状时指出的那样，“一个有民主倾向的国家要克服由于过去的偏见和社会经济不公平所产生的严重的不平等，最可行的办法就是大规模发展教育……对儿童实行普及初等教育，增加全体青年受中等教育和高等教育的机会，为成年人提供更广泛的教育选择。”② 二战后，尤其是20世纪60年代以来，教育公平问题始终是一个为“全世界所有国家和所有与教育有关的人最关心的”基本目标。③

1966年，美国霍普金斯大学的詹姆斯·科尔曼为了证明黑人与白人在教育质量上的差异及学校资源分配存在不平等的事实，调查了美国约4000所学校的60多万学生。根据对所调查的数据分析，写下了著名的研究报告——《教育机会均等的观念》，也叫《科尔曼报告》。这项调查研究得出了四点结论：一是学校质量与学生的社会构成相关度很低；二是不同社会出身的学生学业成绩和学校质量指标之间只有很小的相关；三是学校内部的成绩差异要大于学校之间的成绩差异；四是影响学生学业成绩的因素，除了智能之外，家庭背景最为重要。④

---

① 马和民、高旭平：《教育社会学研究》，上海．上海教育出版社，1998年版，第86页。

② 库姆斯：《世界教育危机》，北京．人民教育出版社，1990年版，第240页。

③ 查尔斯·赫梅尔：《今日的教育为了明日的世界》，北京．中国对外翻译出版公司，1983年版，第68页。

④ 张人杰、邓云洲：《大教育学》，广州．广东教育出版社，2003年版，第115页。

瑞典著名教育学家胡森（Torsten Husen）对教育机会均等问题的研究和发展过程进行了认真的梳理。他认为，对教育机会均等的分析，不仅要界说“均等”，还应界说“机会”。他指出，就个体而言，“平等”有下述三个涵义：第一，所谓“平等”，首先是指每个人都有不受任何歧视地开始其学习生涯的机会，至少是在政府所办的教育中开始其学习生涯的机会。其次，“平等”这一思想还可以适用于对待。也就是说，可以考虑各种不同但都以平等为基础的方式来对待每一个人——不论其人种和社会出身情况。在这方面，首先可以使每个人在法律面前一律平等。此外，也可以制定相应的社会政策，以确保每个人都有收入或者有最低限额的生活补助。还可以建立统一的学前教育系统或学校教育系统，以便不加歧视和没有其他限制地对所有儿童一视同仁。第三，在制定和施行教育政策时应列入一些措施，使入学机会更加平等，进而使学业成就的机会更加平等。在这一意义上，教育面前机会平等可以被视为一项目标，或者被看作一组指导原则。而入学和学业成就上的机会更加平等，则将有助于社会经济方面取得更大的平等，也就是说，在全体公民都关心的经济收入的水平和参与决策以及其他方面取得更大的平等。① 胡森的公平观与哈佛大学哲学大师约翰·罗尔斯（John Rawls）的公平观基本相同。

罗尔斯把公平分为两类，一是“均等性”的公平，其核心理念是“平等地对待相同者”，如人生而平等，法律面前人人平等。另一类是“非均等性”的公平，其核心理念是“不均等地对待不同者”，如多劳多得，贡献大者先富等。为了保证公平的实现，罗尔斯提出了关于公平的三条著名原则：每个人都能获得最广泛的、与其他人相同的自由；一个人获得的不均等待遇，如地位、职位、利益等应

① 托尔斯顿·胡森：《平等——学校和社会政策的目标》，载《国外教育社会学基本文选》（张人杰主编），上海．华东师范大学出版社，1991 年版，第 193 页。

该向所有人开放；如果起始状况（收入和财富分配）不同，处于不利地位者的利益就应该用“补偿利益”的办法来保证。①

这种教育机会均等的公平观发展到今天，内容不断丰富，许多学者综合了胡森概括的三个方面的理解，认为，教育机会均等应包括三个方面的含义：一是入学机会的均等，强调所有儿童不分性别、种族、肤色、贫富，都应拥有接受教育的权利；二是受教育过程机会均等；三是取得学业成功的机会均等，其标志是社会保证各族群的子女在各级各类教育中所占的比例与其家长在总人口中的比例大致相同。

现代教育所强调的教育公平主要是指“教育机会均等”，由于事实上存在的社会政治、经济地位的不平等和个体差异，教育机会均等成为教育公平、教育民主化的核心问题。教育机会均等的原则主要是为了改变处于不利地位的社会阶层的教育状况，它意味着任何自然的、经济的、社会的或文化方面的低下状况，都应尽可能从教育制度本身得到补偿。②

有关教育公平的内涵，国内也有很多学者提出了自己的观点。有学者认为，教育公平是社会公平价值在教育领域的延伸和体现，包括权力平等和机会均等这两个基本方面。教育公平可分为三种不同类型的公平。起点公平是指尊重和保护每一个人的基本人权与自由发展，即教育权利平等、教育机会均等，包括在价值层面和制度层面的构造；过程公平是指在起点不公的现实中，通过相应的制度、政策继续体现和维护公平，也包括在教育过程和师生关系的互动中微观层面的公平；结果公平是指最终体现在学生的学业成就上的实

① 张民选：《理想与抉择——大学生资助政策的国际比较》，北京．人民教育出版社，1997年版，第74－76页。

② 靳淑梅：《教育公平视角下美国多元文化教育研究》，长春．东北师范大学博士学位论文，2009年，第29页。

质性公平，即教育质量平等，目标层面的平等。① 有学者提出，教育公平是公民能够自由平等地利用公共资源的一种状态。② 有学者认为，教育公平是指人们对教育资源配置和教育机会供给的认识和价值判断。教育公平包括教育权利平等和教育机会均等两个方面，其核心是教育机会均等，包括入学机会均等、进入不同教育渠道的机会均等和获得就业成功的机会均等三个方面。③ 有学者认为，教育公平包括教育机会公平、教育过程公平和教育质量公平。教育机会和教育质量的公平容易做到，但教育质量的公平，即让人人受到较高质量的教育，并使受教育者具有同样成功的机会，则较难做到。④

还有学者认为，教育公平的内涵主要包括以下内容："在法律上，是人人享受平等的教育权利；在教育政策领域，是人人平等地享有公共教育资源；在教育活动中，是人人受到平等的教育对待，人人具有同等的取得学业成就和就业前景的机会。为了真正体现和维护教育公平所蕴含的平等精神，在实际教育活动中，教育公平还必须包括：在客观上存在着社会发展不平等的历史时期，公共教育资源配置向社会弱势群体倾斜（"不平等"的矫正）；在现实层面上，反对和遏制旨在破坏教育权利平等和机会均等的教育特权（"平等"的维护）"。⑤

---

① 杨东平：《教育公平的理论和在我国的实践》，载《中国教工》2003 年第 9 期，第 12 - 17 页。

② 中央教育科学研究所教育政策分析中心：《义务教育均衡发展是实现教育公平的基石》，载《教育研究》2007 年第 2 期。

③ 钟秀利、杨瑞虹：《论教育公平是最重要的社会公平》，载《江西教育科研》2007 年第 6 期，第 14 - 15 页。

④ 瞿保奎、郑金州：《中国教育研究新进展》，上海．华东师范大学出版社，2001 年版，第 61 - 62 页。

⑤ 石中英：《教育公平的主要内涵与社会意义》，载《中国教育学刊》2008 年第 3 期，第 1 - 6 页。

二、教育公平对促进社会公平的作用

教育公平是社会公平的一个重要组成部分，是社会公平在教育领域内的延伸和体现。教育的社会功能一直是教育社会学领域的一个重要理论问题。有关这个问题，西方教育社会学领域主要有两个观点：一种观点认为，教育有助于缩小社会不平等，促进社会公平。持这种观点的是以功能主义学派为代表，其主要代表人物是爱米尔·涂尔干、帕森斯等。另一种观点认为，教育作为社会系统的一部分，反映着资本主义制度固有的不平等结构，他通过社会分层和合理选拔代理人的作用只是维持甚至加剧社会的不平等。这种观点以社会学中的冲突论学派为代表，其代表人物主要有柯林斯、鲍尔斯和吉丁斯等。

1. 功能主义学派的思想

功能主义学派于20世纪50年代初产生自美国，曾在50年代与60年代前半期对欧美教育社会学产生过重要影响。该学派强调教育在维持社会秩序方面的社会化功能及社会选择功能。功能论者认为，社会秩序建立的基础是各种制度如政治制度、经济制度及教育制度等的存在，这些制度的存在是为了履行某些重要功能，满足社会的需要。

爱米尔·涂尔干认为，在当代社会，教育对社会秩序的维持至关重要，因此，他致力于研究教育与社会之间的复杂关系。在涂尔干看来，教育的主要功能不是发展个人的能力和潜能，而是发展社会所需要的能力。教育的一般功能是激发儿童具有一些被他（她）所隶属的社会或特殊团体认为所有成员都应该具有的肉体和心灵状态，使个体社会化和人性化。在《教育思想的演进》（1938）一书中，涂尔干运用他的因果解释的观念考察了法国中等教育变迁的根本原因。在此书中，他谈到文艺复兴时期的教育变迁主要体现在两个方面，一方面是“古典文学的研究取代了中古世纪经院哲学所强调的严谨的逻辑训练，”另一方面是“教育开始对个人及其需要给予更多的关切。”①

涂尔干认为，教育是社会性的，“教育是年长的几代人对社会生活方面尚未成熟的几代人所施加的影响。其目的在于，使儿童的身体、智力和道德状况都得到某些激励与发展，以适应整个社会在总体上对儿童的要求，并适应儿童将来所处的特定环境的要求。”②

作为20世纪五六十年代功能主义流派的主要代表，塔尔科特·帕森斯认为，学校有两种功能，即社会化功能和选择功能，也就是他所说的“有助于个体社会化及社会角色的分配”。③ 在《作为一种社会体系的班级：它在美国社会中的某些功能》一文中，他主要关注两个问题，一个是“班级是如何将胜任未来成人角色所必需的责任感和能力内化于学生的”，即班级是如何使学生个体完成社会化这一过程；另一个是班级“又是如何在成人社会的角色结构中分配人力资源的，”④ 即班级对学生的选择功能是如何进行的。

帕森斯通过考察学校班级的社会化功能，指出，通过教育成就的获得，学校培养了学生适应未来角色的各种责任感和能力。这样以来，学校的社会化功能得以顺利完成。在这种情况下，“教育维持一个社会的共同文化，而且为社会结构提供适当的人才（human ma-

① 布列克里局（David Blackledge）、杭特（Barry Hunt）：《教育社会学理论》（李锦旭译），台北：桂冠图书股份有限公司，1987年版，第19页。

② 爱米尔·涂尔干：《教育及其性质与作用》，载《国外教育社会学基本文选》（张人杰主编），上海．华东师范大学出版社，1989年版，第9页。

③ 塔尔科特·帕森斯：《作为一种社会体系的班级：它在美国社会中的某些功能》，载《国外教育社会学基本文选》（张人杰主编），上海．华东师范大学出版社，1989年版，第528页。

④ 塔尔科特·帕森斯：《作为一种社会体系的班级：它在美国社会中的某些功能》，载《国外教育社会学基本文选》（张人杰主编），上海．华东师范大学出版社，1989年版，第513页。

terial)。它（教育）有助于维持社会使它成为一个通合良好的整体。"①

帕森斯还出，"从社会的观点看，它（班级）又是一个'人力'分配的机构，"② 即班级具有一种选择功能——角色结构中分配人力资源。学校班级的这种选择功能是通过一个相对一致的选择标准即学校成就进行的。按照帕森斯的观点，所有学生刚入学时在起点上是平等的，同时都被公平地对待：给予相同的作业，并用同样的方式、标准来进行评价，但此后，学生将沿着成就这一中轴线开始分化。这种分化现象在小学和中学里同样发生着，但有所不同的是，"小学阶段关心的是孩子们成就动机的内化和根据取得成就的不同能力来选择人才，焦点是对准能力的水平，"相反，"在中学阶段，重点是成就的性质类型的分化。"帕森斯解释说，"中学是一个主要的跳板，教育程度低下的人从这里进入劳动大军，教育程度较高的人从这里进入大学，继续他们的正规教育，其中有一部分人将前进得更远。因此，对于教育程度低的学生，能力类型的分化将导致明显不同的职业种类；对于教育程度高的学生，这一分化主要导致大学里明显不同的角色。"③ 很明显，借助于成就而进行的学校班级的选择功能从小学就开始了，并且随着年级的上升，这种选择功能更为显著，正如帕森斯本人总结的那样，"起始于小学的分化（即选择）的主要过程是通过学业成绩的比较而进行的，进而，广义地说，通

① 布列克里局（David Blackledge）、杭特（Barry Hunt）：《教育社会学理论》（李锦旭译），台北：桂冠图书股份有限公司，1987 年版，第 96 页。

② 塔尔科特·帕森斯：《作为一种社会体系的班级：它在美国社会中的某些功能》，载《国外教育社会学基本文选》（张人杰主编），上海．华东师范大学出版社，1989 年版，第 507 – 508 页。

③ 塔尔科特·帕森斯：《作为一种社会体系的班级：它在美国社会中的某些功能》，载《国外教育社会学基本文选》（张人杰主编），上海．华东师范大学出版社，1989 年版，第 523 – 524 页。

过高中的分化导致了上大学者和不上大学者的分流。”①

通过学校成就这样的选择标准，学生被分化成不同的群体，而根据学生个人的成就情况，他们将被分配到日后不同的职业岗位。正是通过这样一个过程，学校这种分配人力资源的选择功能得以实现。

在帕森斯看来，美国学校提供均等的机会，学生在起点上是平等的，同时在学校里按照同样的标准被评价，学生之间存在共识，因此，他们尤其是那些学业竞争失败者便认为因成就而产生的分化是合理的。结果，机会均等与成就这样的价值共识使得学校教育中存在的不平等合法化从而消除了学校中存在的各种紧张与冲突。

2. 冲突论学派的观点

冲突论学派是在20世纪60年代中期兴起的，在美国社会学的研究中发展很迅速。冲突学派通过实证研究证明了，教育实际上并没有促进经济的增长、社会的平等，教育实际上只是起到了再生产资本主义社会的社会、经济、文化结构的作用。下面我们主要介绍在教育社会学方面冲突论的主要代表人物柯林斯和鲍尔斯的观点。

柯林斯认为，学校的主要作用在于传授社会支配集团的身份文化，学校教育发展的动力来自于不同身份集团之间的冲突。他受韦伯（Max Weber）提出的关于社会上存在着不同的身份集团和学校教育受社会支配集团的利益所决定的观点的影响，把作为社会成员归属于特定身份集团的基本条件的身份文化进一步明确化、具体化，指出身份文化的内容包括价值观、审美观、谈吐方式、礼仪教养、行为方式等等。他认为，只有特定的身份集团支配着学校教育，那么该集团就利用学校来传播自己的身份文化，以保证其在生产劳动

① 塔尔科特·帕森斯：《作为一种社会体系的班级：它在美国社会中的某些功能》，载《国外教育社会学基本文选》（张人杰主编），上海．华东师范大学出版社，1989年版，第509页。

组织中也占据支配地位；而特定的身份集团重视不重视知识技能教育，决定于知识本身是否已经成为该集团的身份文化的重要组成部分。柯林斯的观点表明，学校实际上是不同身份集团之间利益争夺的一个场所，学校的发展取决于不同身份集团之间冲突的发展。①

塞缪尔·鲍尔斯批驳了资本主义的教育平等能够带来更大的社会平等这一观念。他在《不平等的教育和社会分工的再生产》一书中，论证了以下几个观点：第一，在美国，学校并不是作为追求平等的一部分，而是为了满足资本主义雇主对有纪律、有技能的劳动力的需求，为了提供一种控制社会的途径以利于政治上的稳定而发展起来的；第二，随着有技能的、受过良好教育的劳动力在经济上的地位日趋重要，学校制度中的种种不平等现象，在一代一代地再生产，原阶级结构也变得越来越重要了；第三，美国的学校制度充满了阶级不平等现象，而在过去的半个世纪中，这些不平等现象并没有显示出有多少减少的迹象；第四，对学校董事会和其他教育决策机构明显地不平等控制，并没有对学校制度中不平等现象的持续和普遍的存在提出充分的解释。②

综合两派有关教育功能理论的观点，我们认为，教育在某种程度上能够促进社会的公平。通过教育公平的实现能够在一定程度上达到缩小社会不公平的目的。在现代社会中，家庭所处的经济社会条件之间的差距是不可避免的，但是，接受教育能够使弱势群体子女各方面的能力得到提升，从而改变他们所处的不利地位。因此，大力发展教育对于促进社会公平具有重要的社会意义。当然，在发展教育的同时，首先要保证教育自身的公平。对于不同家庭背景的学生来说，首先要保证他们能够接受相同质量的基础教育，也就是

① 鲁洁：《教育社会学》，北京．人民教育出版社，2001 年版，第 620 页。

② 塞缪尔·鲍尔斯：《不平等的教育和社会分工的再生产》，载《国外教育社会学基本文选》（张人杰主编），上海．华东师范大学出版社，1989 年版，第 218 – 241 页。

说在基础教育阶段要让他们享受到相同的教育资源。这样才能使他们不会因为得不到高质量的基础教育而失去接受高等教育的机会。

教育公平的实现与很多因素相关，如学校的财力、基础教育的质量、学生个人的经历以及有关的政治经济关系、学校内部的人际关系、以及国家的教育政策等等。应该采取积极的措施尽力来实现教育公平，从而达到实现社会公平的目的。当然，实现教育公平必须与实现整个社会系统的公平相协调一致，只有这样做，才能够最终实现整个社会的公平。

3. 对我国当前教育公平的理解

通过对国外和国内学者对教育公平内涵的理解和界定，可以看出，教育公平是个不断发展变化的概念，在经济社会、文化、教育不断的发展过程中，教育公平的内涵得到了充实和完善。在不同的时期、不同的国家有不同的表现形式和不同的评价标准。综合来看，教育公平包括两个方面的含义：能力相同的青年，不论其性别、种族、地域，都有相同的接受教育的机会；社会各阶层的成员，不论其家庭背景、个人出身都有相同的接受教育的机会。也就是说，一个人的接受教育的机会，应该是他或她努力以及才能的结果，而不是由其所拥有的背景决定的。一个人的先天条件（包括性别、出生地和家庭背景）以及她或他所拥有的社会关系等因素，不应该决定此人所接受教育的质量和类型。作为一个城乡差异比较显著的二元社会国家，我们所追求的是城乡之间、阶层之间接受教育机会的公平。

教育公平是相对的，追求绝对的公平是不可能实现的。要实现绝对的教育公平，无论是在发达国家还是发展中国家都是一种理想，教育公平是相对的、有条件的。马克思、恩格斯从来都不认为有永恒的、绝对的、适合一切时代一切民族的公平原则存在，只承认相对的、有条件的公平。从某种意义上说，人类追求高等教育公平的过程是一个无限接近的过程，永远也不可能完全实现。正如科尔曼教授所指出的，"由于存在着差别性的校外影响，教育机会均等只可能是一种接近，永远也不可能完全实现。"①

我国是一个城乡差异比较显著的二元社会国家。城市和乡村无论在经济社会还是文化教育方面的发展水平都存在着很大差距。我们在追求教育公平的时候，不要盲目追求城乡和阶层之间的绝对公平。城乡之间接受高等教育差异性的原因不仅存在于教育或学校内部，而且还广泛存在于社会不平等性之中。只有当社会公平的影响消除之后，教育公平才有可能实现。虽然我国在义务教育阶段，已经实现了人人都有权利和义务接受教育。但是，由于不同地区以及城乡之间在硬件设施，财政教育资金投入以及师资配备等方面存在较大的差异，使得学生接受教育的质量存在着较大差异，因此，直接影响着其接受高中教育的质量，从而也直接影响着其接受高等教育的机会。如果盲目追求城乡之间在接受高等教育上的公平，不但是不现实的，而且还将阻碍我国教育公平的进一步实现。所以，要分阶段，分层次地进行。目前，对城市学生而言，高考录取率已经很高，有一些城市已经达到80%以上，所以他们在接受高等教育方面的竞争，不仅仅是能否"上学"的问题，而是"上什么类型和层次学校"的问题。而对于农村学生来说，他们接受高等教育的机会很少，所以，他们所追求的并不是上什么类型和层次的高校，而是能否有机会接受高等教育。在高等教育入学机会上，要先保证农村学生能够接受高等教育，而不是一味地追求与城市学生接受同等层次的高等教育。

① 詹姆斯·科尔曼：《教育机会均等的观念》，载《国外教育社会学基本文选》（张人杰主编）上海．华东师范大学出版社，1989年版，第191页。

第四节 本研究提出的现实依据和研究特点

一、现实依据

在对已有研究成果特点分析的基础上，结合现有的研究条件提出了本研究课题，依据如下：

1. 高等教育大众化发展过程中需要继续关注教育公平问题

随着高等教育大众化的推进，人们对接受高等教育的要求更高了，而现存的高等教育不公平问题必然会对高等教育的健康发展带来不利的影响。如果忽视了高等教育大众化过程中的高等教育公平问题，势必影响到我国高等教育的持续、健康快速发展。“对于中国持续、健康的发展而言，关注国内不公平具有更为深刻的意义，尤其是在优先发展经济的思想主导中国前进的近 20 多年，不断扩大的城乡差距、地区差距和不同人群之间的差距已经成为中国保持长期繁荣的最大隐患，我们必须清醒地认识到社会不公平和它带来的严重后果”。① 这段话是对中国整体发展而言的，而对于中国的高等教育发展同样是适用的，我们也必须关注高等教育不公平和它带来的严重社会后果。我们知道，造成高等教育不公平的原因是多方面的，有历史的原因，有经济发展不平衡的原因，也有制度方面的原因。我们必须针对现阶段所存在的问题，尽快找出其产生的深层次原因，并寻求解决的办法。我们所追求的高等教育公平并不是追求无差别和绝对的平等，但是我们一定要区分清楚哪些差异是在机会公平的

① 世界银行：《2006 年世界发展报告——公平与发展》，北京．清华大学出版社，2006 年版，第 11 页。

基础上产生的，哪些是在机会不公平的基础上产生的。

尽管已有研究成果已对我国高等教育入学机会的差异性进行了大量研究，但是面对我国高等教育不公平十分严重的现状，我们还有许多问题需要进行深入细致地研究，比如，在我国城乡二元结构的社会制度之下，城乡子女在高等教育入学机会方面的差异程度如何？不同类型高中学生的家庭背景以及他们的升入大学的状况如何？高等教育入学机会差异性产生的原因是什么？等等。

2. 对国内已有研究成果进行补充

国外的很多研究者通过对高中生的追踪调查，考察家庭背景对学生升学选择的影响，而我们国家以高中生作为研究对象来考察学生的升学选择的研究成果则较少。就目前所检索到的文献来看，有徐国兴和杨东平的研究成果。徐国兴在《高中生的大学升学抱负和升学选择——兼论其他社会经济因素的影响》一文中，根据2002年对安徽省和上海市高中三年级学生的抽样调查分析，研究了高中生的升学抱负变化、升学抱负变化对升学选择的影响及其形成原因。研究结果表明："高中生的升学抱负形成的早晚和升学选择有密切关系，升学抱负形成越早，越有可能进入本科院校学习。同时升学抱负形成的早晚和家庭背景以及家庭所处的社会经济环境有关，家庭条件越好的高中生，其大学升学抱负形成越早。在我国，家庭背景通过影响升学抱负的形成和变化，而间接影响高中生的升学选择。当然升学抱负之外，父亲的学历，城乡差距和东西部差距也对升学选择有直接的影响"。① 该项研究是以高中学生作为研究对象，但只是根据对高中学生的问卷调查，从主观上来考察高中学生的升学抱负和升学选择，没有对高中学生进行追踪研究，没有调查这些高中

① 徐国兴：《高中生的大学升学抱负和升学选择——兼论其他社会经济因素的影响》，载《高等教育研究》2005年第10期，第43－47页。

学生毕业以后的实际升学状况，以及家庭背景对学生升学状况的影响作用。北京理工大学的杨东平教授采用实证研究的方法，研究了高中阶段的社会分层和教育机会的获得。① 他对10个城市40所普通高中学生进行了问卷调查，主要调查不同阶层和家庭背景的学生所就读的高中类型的不同。调查结果表明，城市和中高阶层家庭的学生更多地集中在重点中学，而农村和低阶层家庭的学生更多地集中在非重点中学。同时，他还研究了不同家庭背景的学生进入重点中学的途径，结果表明，农民家庭的子女只能依靠分数上的优势上重点中学，通过考试获得重点中学入学机会的比例最高，而拥有更多经济资本和社会资本的家长可凭借所拥有的资本来弥补分数的不足，因而，通过交赞助费和通过社会关系入学的比例，私营企业主最高，中高层管理层次之。可以看出，对重点高中的竞争，不仅是靠分数，在一定程度上也是经济能力和社会权力的竞争，对于低阶层子女而言，上重点高中越来越成为一种“奢侈”的追求。该项研究只是对不同类型高中学生的家庭背景的分析调查，而没有进行追踪研究，没有进一步研究高中生的家庭背景对升学选择的影响。而本研究在借鉴已有研究成果的基础上，主要以对高中学生的追踪调查研究，对我国高等教育入学机会差异性问题进行探讨。

3. 高等教育不公平是高中教育不公平的延续

高中阶段教育是连接基础教育和高等教育的纽带，高等教育是高中教育的延续。我国高校主要依据学生的高考成绩来选拔人才，高等教育入学机会的获得主要由考生高考成绩来决定，而高考成绩又与高中教育的质量密切相关，因此，高等教育的不公平可以从高中教育的不公平中去寻找原因。

---

① 杨东平：《高中阶段的社会分层和教育机会获得》，载《清华大学教育研究》2005年第6期，第52－59页。

国家教育科学“十五”规划课题——“我国高等教育公平问题的研究”课题组的研究结果表明，1998 年至 2002 年，我国高中到高等教育的升学率从 46.1% 上升到 83.5%，增加了 37.4 个百分点；而初中到高中的升学率从 50.7% 上升到 58.3%，仅仅增加了 7.6 个百分点。与此同时，我国城市和县镇的普通中学数分别增长了 0.6 和 6.4 个百分点，而农村普通中学的数量却在逐年减少，降低了 7 个百分点。2002 年，全国城镇人口占 39.1%，农村人口占 60.9%，但农村的普通中学却只占 49.6%，城市中学数量首次超过农村。随着高等教育规模的扩大，高中教育发展的不平衡和滞后成为影响高等教育机会获得的瓶颈。以 2001 年为例，全国初中进入高中的升学率仅为 52.9%，这意味着，有近一半的初中毕业生不能接受高中阶段的教育，也就是说，进入高中，尤其是重点高中的竞争非常激烈。现实存在的高等教育入学机会的差距并不是孤立的现象，而是整个教育体系结构性不均等的一部分，在相当程度上是高中阶段机会不均等的积累和延续。① 因此，要研究高等教育公平问题，必须从高等教育的入口高中教育阶段进行，这样才能从根本上了解我国高等教育入学机会不公平的深层次原因。

4. 等级化的学校系统对学生接受高等教育有重要影响

“国外教育公平的研究，一个活跃的领域是家庭社会资本、文化资本对学生学业成就的影响。布尔迪厄所揭示的家庭的文化资本会成为社会身份、文化再生产的重要机制，是因为它已经满足了一个前提条件：在国民教育体系中，学校教育的资源是基本均衡的，不同家庭背景的学生在学校享受同质的教育，影响他们学业成就的主要变量：不同的家庭环境、文化资本的作用因此而凸显。在我国这

---

① 吕 诺、张宗堂：《高中教育成为我国高等教育机会不均等的瓶颈》，[2005－02－13]. http://www.sina.com.cn.

样等级化的学校系统中，学校的重要性明显大于不同家庭背景的影响。这就是说，重点学校学生和普通学校学生的差异，要大于同一所学校之中不同家庭背景学生之间的差异，学生的学业成就是可以大致依据学校的类别而进行区分的。正如国外已有研究所指出的：'在发达国家（高人均 GNP），在预测学生学业成就的差异方面，家庭因素的作用要远远优于学校因素对学生学业成就的影响。但是，在欠发达国家，情况就反过来了，学校的因素优于家庭。这两种比较的结果表明了在社会层级上的学校教育的效能，也揭示了在国家水平上社会力量构成成就模式的背景'"。① 因此，本研究将从不同类型高中学生家庭背景以及升学选择的差异状况的角度出发，去探讨学生的家庭背景与所读高中类型，以及最终的高考选择之间的关系，进一步揭示造成学生接受高等教育差异性的深层次原因。

二、本研究的主要特点

本研究的主要特点体现在以下几个方面：第一，已有研究成果主要是以在校大学生为研究对象，本课题主要以高中在校生作为调查对象，通过对他们进行跟踪调查，来考察学生的家庭背景因素对其高等教育入学机会的影响，这样有助于从根源上认识我国高等教育入学机会存在的不公平问题；第二，从城乡、阶层、高中类型的视角来考察学生高等教育入学选择的差异性；第三，在以高中学生作为调查研究对象的同时，还对一个企业员工没有升入高校的原因进行了调查，进一步分析高等教育入学机会的城乡差异的状况和程度；第四，基于对高中学生升学选择差异性的调查研究，进一步从多方面来探讨产生这种差异性的根源，以及我国教育不公平产生的深层次原因；第五，本研究在研究指标的选取上，不仅考察学生的

① 杨东平：《中国教育公平的理想和现实》，北京．北京大学出版社，2006 年版，第 192 页。

家庭背景（主要包括家长的职业、文化程度、经济状况等）不同所造成学生接受高等教育机会差异性，而且还从城乡的角度更进一步来阐释入学机会差异性的状况及其成因；第六，为解决我国高等教育入学机会差异性问题提供思路是本研究的目标，结合论文中的数据调查和问题探讨，希望能最终从中提出有助于解决问题的方法和措施，考虑到欠发达地区和低阶层子女受教育机会有限，在本研究工作中把更多的关注投放到这些群体上。再者，由于广东省是我国经济发展较好的大省之一，该省存在“珠三角”地区的高度发达而东西两翼和粤北山区相对贫困这种现实，这种状况与我国的整体经济发展现状具有很大的相似性，因此，本研究重点立足于广东省来开展相关研究，希望以此来认识我国高等教育机会不公平问题。本研究力图从一个新视角来揭示我国高等教育入学机会的差异性及其成因和发展趋势，将有助于为我国高等教育的健康、公平、和谐发展提供决策参考。

第二章　不同类型高中学生升学机会的调查结果与原因分析

高中教育是连接基础教育和高等教育的纽带，是为高等教育输送人才的主要阵地。在我国存在城乡差异、区域差异以及学校系统等级化的状况下，不同类型、不同地区、不同家庭背景的高中学生所接受的高等教育机会是否存在显著差异？如果存在，其差异状况如何？对这些问题的关注，将有助于我们进一步考察高等教育入学机会的深层次原因。本章采用实证研究的方法，在对四所高中学生家庭背景及升学选择调查的基础上，分析不同类型高中学生升学机会的差异性问题。

第一节　不同类型高中学生升学机会的差异

这一节将分别从不同类型高中学生升入高校的比例、所升入的高校类型等指标，考察不同类型高中学生升学机会的差异状况。

一、不同类型高中高考升学率的差异

表 2.1 分别给出了所调查的四所高中 2006 年高考升学率情况。可以看出，不同类型高中在高考升学率方面存在显著差异。城市重点高中的高考升学率远远高于非重点高中，县镇的情况也很相似。表明不论城市还是县镇，重点高中的升学率都远远高于非重点高中。

表 2.1 不同类型高中高考升学率的差异

高中类型	县镇普通高中	县镇重点高中	城市普通高中	城市重点高中
升学率（%）	35.6	68.7	83.5	97.3

从表中数据可以看出，县镇重点高中和非重点高中之间的差距远远大于城市重点高中和非重点高中之间的差距，前者相差 33.1 个百分点，后者相差 13.8 个百分点。对比城市和县镇高中，即使是城市的非重点高中的高考升学率也远远高于县镇的重点高中，二者相差了 14.8 个百分点。这说明城乡高中的高考升学率的差异性非常显著。

在城市，高中的软硬件设施、教师的整体素质、学生的家庭背景、知识结构、对社会和未来的认知能力等，都有优势，这保证了他们较高的升学率。许多城市的重点高中的升学目标已经不仅仅定位于毕业生的升学率，而是升入重点大学的比例。从总体上说，我国城市高中已经达到了很高的升学率，比如，广州市的高考录取率已经达到 80% 以上。这就意味着，如果能生活在大城市，并有机会进入高中就读，基本上都有升入高校的机会。而在县镇，不仅总体高考升学率与城市存在着很大的差距，县镇重点和非重点高中之间也存在更为显著的差异。重点高中一般是选拔了当地最优秀的学生，这也决定了该校几乎是该县市学生升入高校的唯一希望。在教育资源本来就匮乏的情况下，当地政府也更愿意把有限的教育资源投入到一两所重点学校中去。而对于县镇高中，由于在硬件软件方面都很差，生源质量更没有保证，其明显地处于劣势地位，从而导致升学率很低。

二、不同类型高中学生升入高校类型的差异

表 2.2 给出了所调查的不同类型高中学生升入高校的情况。下

面我们对不同类型高中学生升入高校类型的情况进行分析。

表 2.2　不同类型高中学生升入高校的情况（%）

高中类型		县镇普通高中	县镇重点高中	城市普通高中	城市重点高中
高校类型	重点大学	2.9	3.9	2.5	35.6
	一般本科院校	30.1	35.4	39.8	48.3
	独立学院	14.7	11.3	30.9	14.8
	民办本科	2.0	0.2	2.7	1.0
	高职高专	50.3	49.2	24.0	0.3

注：重点大学是指进入“211”工程的高校，一般本科院校是指非“211”工程的公立本科院校。

1. 不同类型高中学生升入重点大学的情况

表 2.2 的数据显示，不同类型高中学生升入不同类型高校的比例差异显著，表明高中类型与学生升入高等学校之间具有很大的相关性。城市重点高中和普通高中被高校录取的毕业生中考取重点大学的比例分别是 35.6% 和 2.5%，前者是后者的 14.24 倍。县镇重点高中和普通高中升入重点大学学生的比例分别是 3.9% 和 2.9%，前者是后者的 1.35 倍。可见，无论城市还是县镇，重点高中的学生考取重点大学的机会都高于非重点高中。如前所述的升学率方面，城市重点和非重点高中之间的差距明显小于县镇重点和非重点高中之间的差距；而学生升入重点大学的情况则相反，即县镇重点和非重点高中之间的差距小于城市的重点和非重点高中之间的差距。这表明城市重点高中的优势很明显。这也再一次证明了，城市重点高中所追求的目标已经不是学生能否接受高等教育问题，而是要接受什么层次的高等教育问题。而对于县镇高中，不论是重点还是非重点，学生升入重点大学的比例都很低。这些学校的学生所追求的目标还仅仅停留在能否接受高等教育的水平上，不奢望能够享受一流的高

等教育资源。

对比四所高中的情况可以看出，城市重点高中学生升入重点大学有绝对优势，与同是重点的县镇高中相比，城市重点高中学生升入重点大学的比例是县镇重点高中的9.13倍。我国的重点高中也被分为不同等级，有省级重点、市级重点、县级重点等。本研究所调查的城市高中是省级重点高中，与所调查的县级重点高中之间的差距是显而易见的。可见，进入重点高中尤其是城市重点高中，就意味着有更多机会升入重点大学。城市普通高中和县镇重点高中相对比，从学生升入重点大学的比例看，后者高于前者，而从升学率看，前者高于后者，这也从另一个侧面反映了我国重点学校制度所造成的学生升学机会的差异。这个问题我们将在第三章第一节进行探讨。

从数据来看，虽然县镇两所高中学生升入重点大学的比例都高于城市非重点高中，但是，如果以当地总人口来对比，不能说县镇学生升入重点大学的机会更多。因为当地的总人口很多，能升入高中尤其是重点高中就读的学生比例是很低的，这些问题在本节第四点“城乡高中学生升学机会的比较”中将进行论述。

2. 不同类型高中学生升入一般本科院校和高职高专院校的情况

城市高中学生升入的高校主要集中于本科这个层次，而高职高专则成为县镇两所高中学生的主要选择。表2.2的数据显示，城市重点高中和城市普通高中学生分别有48.3%和39.8%升入了一般本科院校，均高于县镇普通高中学生升入该类院校的比例。比例最低的是县镇普通高中，只有30.1%，与比例最高的城市重点高中相差了10.2个百分点。升入重点大学的比例与升入一般本科的比例相加可以发现，位于城市重点高中的学生有83.9%的学生升入了一般本科以上的高校，这就意味着城市重点高中的学生只有百分之十几的学生不能升入一般本科以上的高校。而县镇高中的学生升入一般本科以上院校的比例还不足50%。很显然，城市重点高中学生接受本科层次高等教育的机会是很多的。这也是广大家长和学生不惜一切代价选择重点学校的重要理由。有些家长的言谈则反映了产生这种结果的深层次原因："我们当然认示范性高中，单说校园，示范校和非示范校的差别一眼就能看出来，更别说师资、教学质量了。尤其是这些学校优异的高考成绩，多吸引人啊。如果把孩子送进这些学校，就好比进了高考的'保险箱'，我们当家长的提前 3 年就踏实了"。[①] 在第三章第一节还要对这个问题进行探讨。

我们国家的高职高专属于最低层次的高校，培养目标是面向地方经济建设的应用型人才，具有地域性和实用性。这类学校的录取分数线较低，学制较短，相对来说花费少一些。即使是民办高职，由于其学制短，比民办本科和独立学院的总的收费和消费要低，所以，这类高校是家庭背景较差的学生较好的选择。表 2. 2 中的数据显示，两所位于县镇地区的高中学生选择高职高专的比例很高，普通和重点高中分别为 50. 3% 和 49. 2%。说明县镇高中学生所享有的极少的高等教育机会，也只是停留在较低层次的高职高专教育上。由此可以看出城乡学生在接受高等教育机会方面的显著差异，也就是说，城市学生在为争取更多上重点大学的机会之时，农村学生还在为接受较低层次的高等教育而努力。不过，我们同时也看出了另外一种情况，大力发展高职高专教育，对提高我国农村学生接受高等教育的机会具有重要作用，我们将在第四章的对策中对这个问题进行重点论述。

3. 不同类型高中学生升入独立学院和民办本科院校的情况

表 2. 2 的数据表明，各高中学生在选择独立学院和民办本科院校上存在较大差异。比例最高的为城市非重点高中，高达 33. 6%，比例最低的为县镇重点高中，为 11. 5%。县镇非重点高中的比例则

---

① 王文友、续梅、苏婷：《如何理性看待示范性高中》，2008 年 2 月 25 日《中国教育报》，第一版。

为 16.7%，高于县镇重点高中。县镇两所高中学生为什么选择这类高校的比例那么低呢？原因可能有：第一，独立学院和民办本科的录取分数没有一般本科那么高，但高于高职高专的录取分数，而位于县镇地区的学生首先在考试分数上就无法进入这类高校；第二，独立学院和民办本科的收费要远远高于一般本科，家庭经济条件差的学生即使能达到分数线，也可能因为家庭经济方面的问题而放弃就读该类高校。城市重点高中学生选择的比例低是因为，他们的高考成绩足以升入重点或一般本科院校，也就不会选择民办高校和独立学院；而城市非重点高中学生的考试成绩达不到更高一层次学校的录取分数线，但是由于他们的家庭经济条件较好，有能力支付高昂的学费，所以，选择这类学校的机会就相对较多。

从高中生升入不同高校比例看，独立学院成为了城市高中毕业生的重要升学途径，这与独立学院的办学思路和高学费有很大关系。而对生源主要是农村学生的县镇高中来说，就读高职高专，掌握一门技能是这些学校学生的重要出路。从表 2.2 中的数据可以看出，县镇普通高中的学生比县镇重点高中的学生升入民办本科和独立学院的比例要高，其原因为：我们所调查的这所县镇普通高中的学生，虽然其家庭出身大部分是农民，但是，他们是已经脱离了土地的农民，依靠做些小生意来维持生存，相对来说家庭经济条件会好一些，所以能够为子女接受高等教育提供相应的学费。而县镇重点高中的学生则大部分是农村生源，农村户口的学生占了 65.2%，这些学生家庭经济条件较差，无法承担起独立学院高昂的学费。如果当年考不上好的高校或收费较低的高校，他们宁可选择复读也不选择独立学院这类高校。（在本章第二节，我们要对这类高中学生的复读情况进行论述。）可以说，作为我国高等教育机构重要组成部分的独立学院和民办本科院校，是解决城市和家庭经济条件相对较好的学生高等教育入学机会的重要途径。

总的来说，不同类型、不同地区高中学生的高考选择存在明显差异，重点高中和位于城市经济发达地区的高中学生在高考竞争中处于明显的优势地位，非重点高中和位于经济不发达地区高中的学生在高考竞争中很明显地处于劣势地位，而这几类高中，学生高考选择机会最少的是县镇普通高中。

4. 城乡高中学生升学机会的差异

以上分析可知，重点高中和非重点高中学生的升学机会差异很大，而位于不同经济发展水平地区的高中学生的升学机会的差异则更大。城市普通高中与县镇重点高中相比，虽然升入重点大学的比例稍低，但是从升入一般本科院校来看，前者比后者高出了4.4个百分点。这就是意味着，即使是位于大城市的非重点高中学生升学机会也比经济不发达地区的重点高中学生多。从高职高专这一层次看，县镇重点高中又比城市普通高中高出了25.2个百分点。这也就意味着，县镇高中学生即使能够升入大学，大部分也是选择高职高专这一层次的高校，这与已有对高校学生调查的结果是相同的，即农民和低阶层家庭的子女接受高职和高专这一层次的机会比较多。①从升入重点大学的比例看，虽然县镇重点高中比城市非重点高中高一些，但是不能说明前者比后者升入重点大学的机会就多，相反，如果以本地的总人口来衡量升学机会，这个比例则是非常低的。原因为：第一，我们所调查的这所县镇重点高中是该县唯一的一所重点高中，这所高中的生源是从全县初中毕业生选拔出来的优秀学生；第二，该高中每年升入大学的人数占全县升入大学人数的大部分，比如2006年，该校升入大学的人数占全县升入大学总数的46.75%。通过分析可以看出，升学机会的差异不仅存在于重点高中和非重点高中之间，同时还存在于城乡之间。

---

① 王伟宜：《中国不同社会阶层子女高等教育入学机会差异研究》，厦门大学博士学位论文，2006年，第113页。

5. 对不同类型高中学生升入高校情况的相关分析

为了进一步考察不同类型高中学生升入高校的差别，我们对高中类型和学生升入高校之间的关系进行了等级变量相关分析，如表2.3所示。

表2.3　高中类型与学生升入高校之间的等级变量相关性分析

			学生升入的高校类型	高中类型
Kendall's tau_b	学生升入的高校类型	Correlation Coefficient	1.000	-.425（＊＊）
Spearman's rho	学生升入的高校类型	Correlation Coefficient	1.000	-.49（＊＊）

＊＊Correlation is significant at the 0.01 level (2-tailed).

从表中的数据可知，学生所就读的高中类型与他们升入的高校之间有显著的相关性。即学生所就读的高中越好，他们接受高等教育的机会就越多，反之亦然。spearman 等级相关分析中，高中类型与学生升入大学等级之间的相关系数为0.491，在0.01的显著性水平上，这两个变量之间具有显著的相关性。同样 Kendall's tau_ b 等级相关性分析中，相关系数为0.425，且在0.01的显著性水平上，这两个变量之间具有显著的相关性。

第二节　从城乡视角看不同类型高中学生升学机会的差异

以上分析表明，城市和县镇高中学生的升学机会差异显著，城市高中，尤其是城市重点高中的学生在接受高等教育方面处于明显的优势地位。不过以上的对比只是表明城乡能够接受高中教育的学生高等教育入学机会的差异，还不能更深层次地说明城乡适龄青年接受高等教育的差异，因为，在农村有很多适龄青年还没有机会接受高中教育，更谈不上接受高等教育。我们有必要进一步来揭示其中的差异性。

一、从初中毕业生升入普通高中的比例看城乡高等教育入学机会的差异

1. 所调查县级市初中毕业生升入普通高中的情况

我们调查了县镇重点高中所在的县级市 1998 – 2006 年间初中毕业生升入普通高中的情况，目的是通过考察该地高中生源的变化，进一步分析高等教育入学机会的城乡差异。表 2.4 给出了 1998 年以来，该县级市初中毕业生升入普通高中和高中毕业生升入高校的情况。为了能更好地说明问题，我们对表 2.4 中的数据进行了整理，并使用 Origin 软件处理，得到了图 2.1。

表 2.4　所调查的县级市 1998 – 2006 年初中毕业生升入普通高中和升入高校的情况

年份	初中毕业生人数（人）	升入普通高中人数（人）	参加高考人数（人）	升入高校的学生人数（人）			
				本科 1	本科 2	本科 3	专科
1998	6976	1589（女占三分之一）	1989				
1999	7348	1793（女占三分之一）	2176				

（续表）

年份	初中毕业生人数（人）	升入普通高中人数（人）	参加高考人数（人）	升入高校的学生人数（人）			
				本科1	本科2	本科3	专科
2000	7669	2297（女占三分之一）	2208	155	369（包括本1）		628（包括本1和本2）
2001	7965	2661（女占三分之一）	2383	145	508（包括本1）		1480（包括本1和本2）
2002	8893	2948（女占五分之二）	2791	180	472（包括本1）		1044（包括本1和本2）
2003	8968	3108（女占五分之二）	3726	163	728（包括本1）		2028（包括本1和本2）
2004	9125	3218（女占五分之二）	4310	160	659（包括本1）	1038（包括本1和本2）	2432（包括本1、本2和本3）
2005	9783	3336（女占一半）	4625	152	604（包括本1）	1029（包括本1和本2）	2003（包括本1、本2和本3）
2006	10087	3985（女占一半）	4326	113	578（包括本1）	945（包括本1和本2）	1876（包括本1、本2和本3）

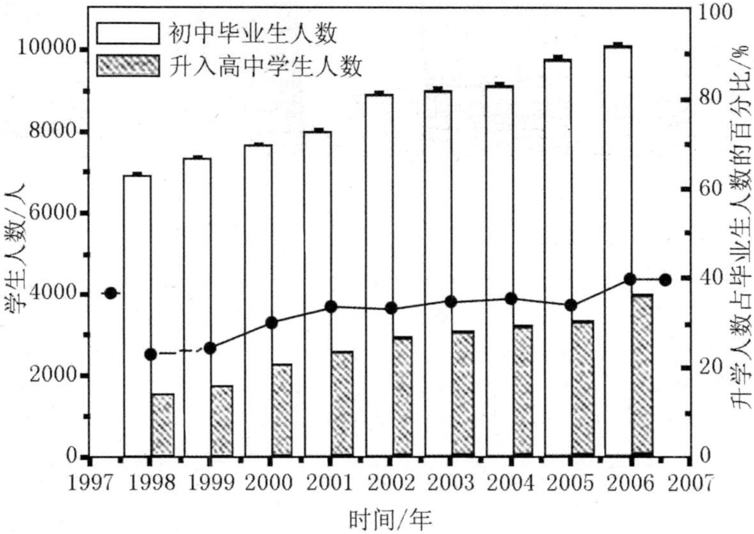

图 2.1　所调查的县级市 1998 - 2006 年间初中毕业人数和升入普通高中人数变化曲线

通过对表 2.4 和图 2.1 的数据进行分析，可以看出该县级市在 1998 - 2006 年间，初中毕业生升入普通高中的情况呈现出以下特点：第一，初中毕业生人数和升入普通高中的人数都呈现出稳步增加的趋势，其中，2006 年初中毕业生的人数是 1998 年的约 1.45 倍，而升入普通高中的学生数占同年初中毕业生的百分比则由 1998 年的 22.78% 增加到 2006 年的 39.51%；第二，在该时期，女子升入高中的数量和所占的比例也呈现出增加趋势，2005 年后升入普通高中的学生中基本实现了男女比例相当。

这些调查结果表明，在我国高等教育大众化发展的过程中，占我国人口的最大部分的农村和乡镇家庭子女在接受高等教育之前阶段的教育不断进步，并在这个过程中实现了男女之间差异性的减小。城镇和农村子女在这一时期受教育的进步，与同期我国的经济社会发展以及九年义务教育相关法规、制定和措施的推行密切相关，另外，高等教育规模快速扩张，无疑对初高中阶段的发展起到了很好的拉动作用。

2. 从全国初中毕业生升入普通高中情况的变化看高等教育入学机会的城乡差异

在高等教育大众化的过程中，不仅县镇和农村学生的入学机会在增长，城市学生的入学机会也在增长。在同时增长的情况下，城乡之间的差距又是如何呢？表 2. 5 是我国 1999 – 2007 年间城乡初中毕业生升入普通高中的情况，对该表的数据进行计算整理，形成表 2. 6，并把表 2. 6 的数据做成柱状图，如图 2. 2。

表 2. 5 我国 1999 – 2007 年间城乡初中毕业生数和升入普通高中学生数

	普通初中毕业生数（人）				升入普通高中人数（人）			
年份	总数	城市	县镇	农村	总数	城市	县镇	农村
1999	15898024	2743332	4241585	8913107	3963239	1519240	1892528	551471
2000	16070868	2645492	4387459	9037917	4726861	1764846	2318434	643581
2001	17069774	2732509	6010981	8326284	5579790	1929572	2986505	663713
2002	18798695	3159163	6862333	8777199	6767049	2345345	3645291	776413
2003	19955825	3488014	7093950	9373861	7521264	2698002	4009038	814224
2004	20703868	3616176	6935778	10151914	8215096	2917762	4337612	959722
2005	21065150	3461482	7852565	9751103	8777317	3014263	4883443	879611
2006	20623876	3038989	8183033	9401854	8712080	2736861	5151259	823960
2007	19568428	3187500	8074770	8306158	8401644	2932179	4770935	698530

资料来源：中华人民共和国教育部发展规划司. 中国教育统计年鉴 1999 – 2007. 人民教育出版社。

表 2. 6 我国 1999 – 2007 年间城乡普通初中毕业生升入普通高中的比率（%）

年份	全国	城市	县镇	农村
1999	24. 93	55. 38	44. 62	6. 19

（续表）

年份	全国	城市	县镇	农村
2000	29.41	66.71	52.84	7.12
2001	32.69	70.62	49.68	7.98
2002	36.10	74.24	53.12	8.85
2003	37.69	77.35	56.51	8.67
2004	39.68	80.69	62.54	9.45
2005	41.67	87.08	62.19	9.02
2006	42.24	90.06	62.95	8.76
2007	42.93	91.99	67.44	8.41

资料来源：根据表2.5中的数据整理计算而得。

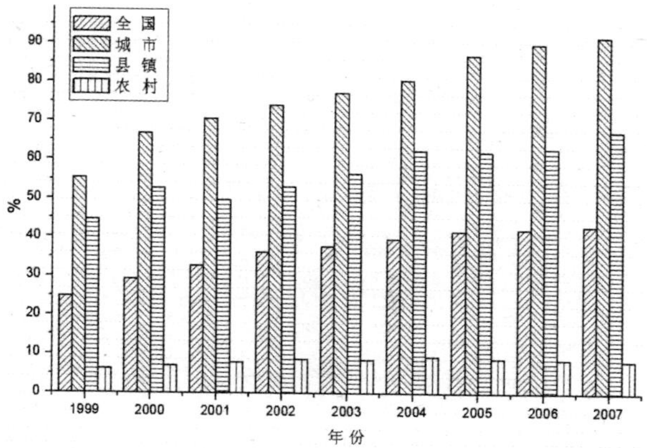

图2.2　我国1999－2007年间城乡普通初中毕业生升入普通高中的比例

从表2.5、表2.6和图2.2可以看出，1999年到2007年，全国初中毕业生升入普通高中的绝对人数和相对比例都在逐年增长，其中，2007年比1999年增长18个百分点。从城乡看，城市初中毕业生升入普通高中不但在比例上远远高于县镇和农村，而且在增长幅度上也远远高于县镇和农村。城市2007年比1999年增加了36.61个百分点，而且城市有将近92%的初中毕业生有机会就读普通高中。

这就意味着他们有机会去参与高考竞争，并获取接受高等教育的机会。县镇和农村学生的情况却不是这样。县镇的比例虽然也在逐年上升，但是上升的幅度远远低于城市。2007 年比 1999 年只增长了 22.82 个百分点。2007 年县镇仍有 32.56% 的初中毕业生没有机会升入普通高中。农村的情况则更为严重，1999 年有 6.19% 的初中毕业生有机会进入普通高中学习，而到了 2007 年这个比例也只上升到 8.14%，仅仅增加了 2.22 个百分点。与城市所增长的 36.61 个百分点相比，差距相当大。而且 2004 年以后农村初中毕业生接受普通高中教育学生的比例又呈现下降的趋势。

我们再对绝对数字进行对比。以 2007 年为例，该年的初中毕业生，农村和城市分别有 8306158 人和 3187500 人，农村是城市的约 2.61 倍。而从升入普通高中的人数来看，农村和城市分别为 698530 人和 2932179 人，城市则是农村的 4.20 倍左右，从中可以看出城市和农村的差距。通过计算可以知道，2007 年城市只有 25 万多的初中毕业生没有机会接受普通高中教育，而农村则有 700 多万初中毕业生没有机会升入普通高中。如果再考虑到初中和小学阶段学生辍学的因素，农村适龄青年接受高等教育的机会更是少之又少。

二、从高考升学率的变化看城乡高等教育入学机会的差异

我们通过对所调查县镇重点高中所在的县级市 1998 - 2006 年总体高中毕业生升入高校人数变化趋势的考察，并通过与全国的情况进行对比与分析，进一步探讨高等教育入学机会的城乡差异。表 2.7 给出了 1990 - 2006 年我国各级普通学校毕业生升学率的数据。同时，为了便于说明问题，我们根据表 2.6 中该县级市参加高考人数与升入高校学生人数的数据，做成了 2000 - 2006 年间该县级市高中生升入大学人数的变化曲线图（见图 2.3）。

表 2.7　1990－2006 年我国各级普通学校毕业生升学率（%）

年份	小学升初中	初中升高中	高中升高等教育
1990	74. 6	40. 6	27. 3
1991	77. 7	42. 6	28. 7
1992	79. 7	43. 6	34. 9
1993	81. 8	44. 1	43. 3
1994	86. 6	47. 8	46. 7
1995	90. 8	50. 3	49. 9
1996	92. 6	49. 8	51. 0
1997	93. 7	51. 5	48. 6
1998	94. 3	50. 7	46. 1
1999	94. 4	50. 0	63. 8
2000	94. 9	51. 2	73. 2
2001	95. 5	52. 9	78. 8
2002	97. 0	58. 3	83. 5
2003	97. 9	59. 6	83. 4
2004	98. 1	63. 8	82. 5
2005	98. 4	69. 7	76. 3
2006	100. 0	75. 7	75. 1

资料来源：中华人民共和国教育部发展规划司．中国教育统计年鉴 2006. 人民教育出版社，2007. 16

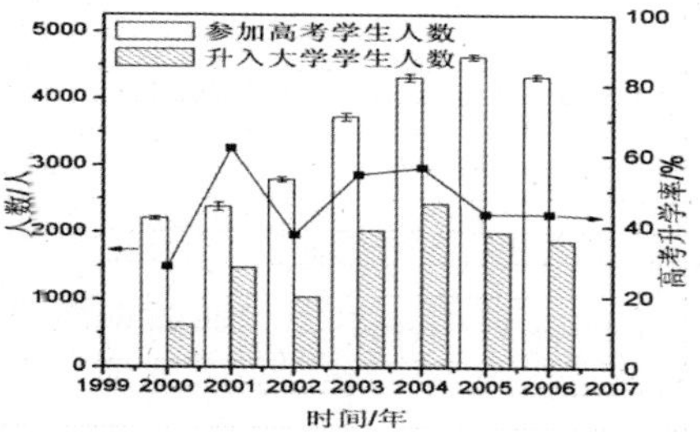

图 2.3　所调查的县级市 2000－2006 年间高中生升入高校人数变化图

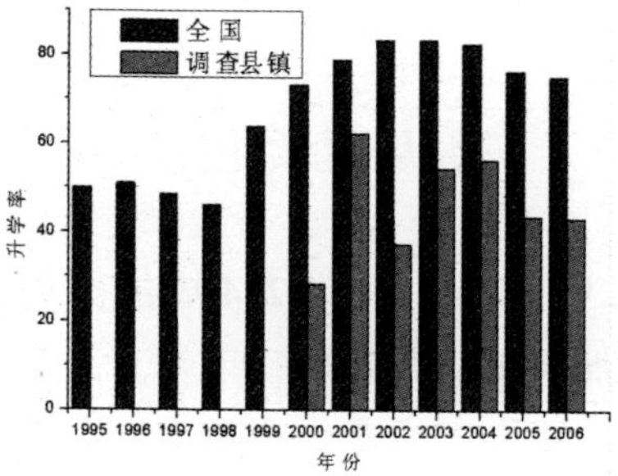

图 2.4　所调查的县级市 2000－2006 年间高中生升入高校比率与全国对比

从图 2.3 变化曲线可以看出，在所调查的时间段内，该县级市参加高考和被高校录取学生的人数基本上都呈现增加的趋势，这与升入高中学生的人数增加以及我国这些年高等教育快速扩招是相对应的。但是图中结果也反映出，这几年该县级市的高考升学率波动比较大，2001 年达到最高值，为 62.13%，到 2002 年又大幅下降，此后又在上升，到 2004 年以后有较大的降幅，显示出其升学率极不稳定。从图 2.4 可以看出，从 2000 年到 2006 年，该县市的高考升学率与全国的变化趋势相差不大，只是与全国升学率相比维持在一个相对比较低的水平上。

图 2.3 反映出近年来该地区的高考录取率已上升到 40% 以上。但是这一数据同全国的平均水平还有很大差距，比如 2007 年全国的高考升学率为 75.1%，而该地仅为 43.36%，相差了 31.74 个百分点。同时再考虑到我们刚才所得出的结论，即有相当部分的初中毕业生不能升入高中，再加上小学升初中阶段升学率以及初中阶段的辍学率高等因素，可以看出，在农村地区，能够最终就读大学的年轻人的比例十分低。而根据本章第一节的论述，我们知道，这些地区的学生即使能接受高等教育，也主要集中在低层次特别是高职高专这类高校中，接受高层次高等教育的机会非常少，这也再一次证明了城乡差距在逐年拉大的一种趋势。

三、从复读生的情况看城乡高等教育入学机会的差异

仔细分析表 2.4 中的数据，我们会发现，所调查样本中每年参加高考的人数与三年前升入高中学生的人数相差很大，即前者的数量要大于后者（图 2.5 给出了更为直观的比较）。考虑到辍学等学生减员因素，本来应该是入口人数大于出口人数，反而变成了出口人数远远大于入口人数这样一种情况。比如，2001 年初中毕业生升入高中的学生有 2661 人，到了这批学生应该参加高考的 2004 年，参

加高考的学生数却增加到了4310人，这是一个值得思考和引起我们关注的问题。其原因是什么？通过调查，发现原来是因为复读生多的缘故。

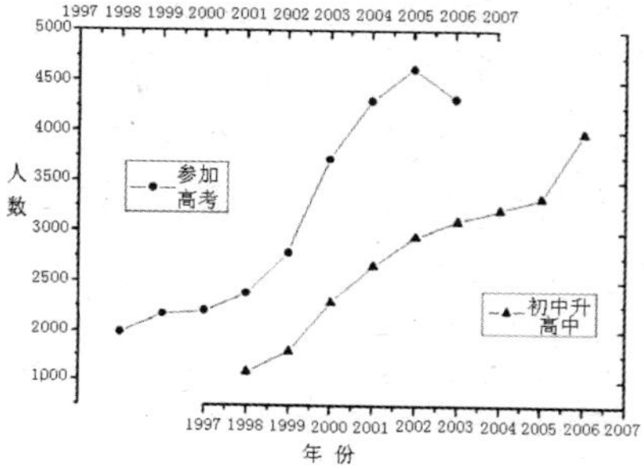

图2.5　所调查的县级市当年参加高考人数与三年前初中毕业生升高中人数对比图

在资料调查过程中，我们了解到，该县每年所升入高校的学生中，大部分是复读生，应届高中毕业生的比例很低。由于许多学生把进入高校学习的希望寄托在下一年甚至今后几年的复读中，在这个高中逐渐形成了一种观念，即高三毕业的当年考上大学的可能性很小，只有通过复读才能实现接受高等教育的梦想，而实际情况也确实如此。县镇重点高中每年的考生中有相当大的比例是复读生，一部分学生复读了数年，最终考上了大学，也有很多学生经过多年复读以后，还是没有能够获得接受高等教育的机会。其实，复读生现象在我国农村和县镇地区是普遍存在的，2008年湖北高考调查数据也显示，在参加高考的考生中，复读生已占到六分之一左右。由于这些地区的学生所接受的家庭教育、幼儿园、小学、中学和高中等阶段的教育质量普遍较低，导致他们在高考竞争中处于不利地位，只有通过复读来不断提高应试水平。

复读生现象揭示了以下几个方面的问题：第一，在高考竞争中，县镇学生与城市学生的竞争力相差甚远，前者则要花费更多的时间和精力，才获得了数量极少的高等教育入学机会。城乡高等教育机会获得的差距又进一步得到了证明，这种差距是隐性的，而实际上也是更为残酷的；第二，由于每年高校招生数量是一定的，那么，复读生的存在无疑将直接影响到应届高中毕业生的高考机会。复读生的累积和持续增加的高考竞争压力等因素，将会引起很多的附带的社会问题，会影响到县镇孩子接受高等教育的信心。在高考竞争这么激烈的状况下，有很多孩子可能还没有进入高中就已经失去了将来要考大学的信心，这样会导致恶性循环。

从人力资源的角度来看，高中复读是一种人才浪费。复读学习对其能力培养所产生的消极作用是值得思考的。如果把这些花费在复读上的时间用在工作上或学习有用技能上，无疑可以创造更多的社会财富，他们的人生也可以更有价值。现阶段广大民众对高等教育的需求状况提示我们，与其把学生拦在高中的课室中，不如把他们放入高等教育机构中，让他们通过观察社会为进入社会做准备。这也是我们在第四章提出提高农村子女接受高等教育机会措施的依据之一。

根据上面的论述可以看出，县镇重点高中学生的升学状况与城市相比尚有很大的差距，位于农村地区的非重点高中每年升入高校的学生人数，更是少之又少，可以用寥寥可数来形容。据笔者所了解，位于我们所调查地区的农村高中，每年大概有一两名学生能被高校录取，而且所考取的还只是专科层次的学校。由此可以想象，仅从高中教育阶段来看，农村的很多学生就已经与接受高等教育的距离越来越远了，也可以说高中阶段的教育就决定了农村学生基本上没有太多接受高等教育的机会。

可见，从城乡层面上看，农村学生在高考竞争中处于非常不利的地位。他们为争取到有限的高等教育入学机会，付出了比城市孩子多倍的努力。同时，也揭示了一个有关教育公平的严重的社会现实，农村学生在基础教育以及其他条件十分薄弱的情况下，要想在“分数面前，人人平等”的高考制度下与城市学生竞争，无疑处于十分劣势的地位。在本章第三节，我们将进一步探讨城乡不同学生群体的家庭背景以及所处的教育与社会环境方面的差异。由于各方面差异的存在，城市学生的应试准备已如同竞技体育领域中对职业选手的培养，而来自于乡镇家庭的子女，在应对高考的过程中还处于类似于业余竞赛选手那样的状况。职业与业余选手在竞技场中同台竞技，其结局是显而易见的。城市和农村在以同一个分数线为高考录取选择标准的情况下，农村和家庭处境处于弱势地位的学生获得高等教育机会是十分困难的，在这种情况下去谈实现高等教育公平更是不现实的。

第三节 从家庭背景看不同类型高中学生升学机会的差异

以上研究表明，不同类型高中毕业学生接受高等教育机会的差异性十分显著。那么这些高中学生在家庭背景、高中生涯的基本情况等方面是否存在差异？如果有，其差异状况又如何？对这个问题的探讨将有助于我们进一步了解学生接受高等教育差异性的原因所在。本部分将对问卷调查的结果进行分析，从学生的基本情况和家庭背景两个方面，探讨造成不同类型高中生在升学机会差异性方面的深层次原因。

一、不同类型高中学生的基本情况

表2.8给出了所调查的四所高中学生的基本数据。从所列出的四个调查选项统计结果可以看出，不同类型高中之间存在着一定的差异性和相似性，而对此进行解读，对认识教育差异性具有很好的启示作用。

表2.8 不同类型高中学生的基本情况（%）

基本情况	县镇普通高中	县镇重点高中	城市普通高中	城市重点高中
男生/女生比例	53.9/46.1	51.0/49.0	48.1/51.9	43.5/56.5
独生子女比例	6.4	11.4	79.4	73.6

1. 性别方面

在男女生比例上，县镇高中与城市高中存在着差异，即县镇高中的男生多于女生，而城市高中则女生多于男生。产生这种结果的原因，可以从我国传统观念对男女入学机会差异性的影响，以及经济社会发展对性别差异性影响的研究结果中得到解释。但是，我们应该看到，即使县镇高中男女生比例有差异，这种差异也是很小的。我们所调查的两所高中男生与女生的比例基本反映了所在地区的人口性别比例，但重点高中比非重点高中男女生比例的差距更小，这种趋势表现出与城市学校同样的规律性。本章第二节表 2.4 所列出的数据显示，所调查县级市从 1998 年初中毕业生升入普通高中女生的比例只占三分之一，到 2005 和 2006 年男生和女生数各占一半，表明县镇重点高中男女比例的差异基本消除了。高中阶段性别差异的消除无疑为缩小高等教育入学机会的性别差异奠定了基础。我们在前面的调查中，虽然没有关于各个高中升入高校学生的性别差异状况的描述，但是根据高中阶段男女生的比例，可以判断目前在县镇地区高等教育入学机会的性别差异也非常小了。王香丽 1998 年的研究表明，在高等教育入学机会的性别差异方面主要表现为城乡差异，即城市男女之间在入学机会上已经没有差异，而县镇和农村的男女入学机会的差异却很显著。① 显然，通过高等教育的发展，农村和县镇的情况发生了很大变化，农村高等教育入学机会的性别差异已经基本消除，这也是我国高等教育发展的一大进步。

城市女性在受教育方面处于劣势地位的状况已不复存在，相反逐步占据优势地位。两所城市高中男女比例差异，是城市女性在教育和学习方面超越男性的一种很好体现。女生在学习用功程度上要

---

① 王香丽：《我国高等教育入学机会性别差异的个案研究》，厦门．厦门大学硕士学位论文，1998 年。

优于男生，这种趋势在高等学校中表现的更为突出。在高校的学生成绩上，女大学生表现出了很大的优势，比如，我们调查了一所高校的某个学院（选取的该学院各年级的女同学都稍多于男同学，每个年级学生总数在 150 名左右），综合成绩排在前十名的大多是女生，甚至在前三十名学生中男同学的数量也屈指可数。从表 2.8 给出的结果并结合大学在校生的调查，我们认为从性别的角度对我国的教育方式展开研究，对我国教育的未来发展具有重要意义。

2. 独生子女方面

在独生子女的比例方面，县镇和城市学生表现出极大的反差。从县镇来看，无论是重点高中还是普通高中，独生子女的比例都很低，这是否说明我们的调查有问题呢？从我国独生子女政策实施的时间和区域来看，所调查学校的学生应该是实行计划生育以后出生的一代，并且也不是受到政策照顾的地区。但是，经过实际调查发现，这些数据确实反映了乡镇尤其是农村地区计划生育政策实施过程中的实际情况。在农村地区，一个家庭生多胎的情况是比较普遍的，在广大农村地区计划生育政策实施过程中确实存在很大的问题，由于这不是本文研究的范畴，故不作探讨，只把这种人口状况作为讨论本研究的素材使用。对县镇两所高中的情况进行对比发现，重点高中学生独生子女的比例更高一些。因为，县镇重点高中聚集了当地家庭文化程度和家长职业阶层较高的学生，而这些学生的家庭一般都是独生子女，所以在独生子女的比例上要远远高于县镇普通高中；而在城市，基本上都是独生子女家庭。所以，在独生子女问题上表现出了明显的城乡差异。那么，是否独生子女意味着家庭规模的大小，而家庭大小不同，其子女接受教育的差异也是不同的？有研究表明，家庭兄弟姐妹人数愈多，对其受教育机会愈为不利，子女愈多会对家庭的生活环境、经济状况产生影响，从而会影响到子女的教育机会。[①] 在我国农村地区，本来经济发展就很落后，家庭的经济状况是可想而知的。在这种情况下，家庭子女多无疑会造成子女接受教育上存在经济困难的问题，尤其是在教育成本不断攀升的今天，家庭子女的多少对家庭在教育上的支出负担具有更为重要的影响，进而会影响到他们接受高等教育机会的多少。

二、不同类型高中学生家庭背景的差异

家庭背景对学生接受高等教育影响很大，国内外很多研究都证明了这个事实，即家长的文化程度、家长的职业、家庭经济状况以及家庭所在地等对子女接受高等教育的影响是十分显著的。这一部分，我们从学生户口所在地、家庭经济状况、家长职业、家长文化程度，以及父母与子女相处方式、父母对子女的期望等方面来考察不同类型高中学生在家庭背景方面的差异，进一步探讨高等教育入学机会差异性的成因。

表 2.9 不同类型高中学生家庭所在地及家庭经济状况（%）

基本情况	县镇普通高中	县镇重点高中	城市普通高中	城市重点高中
城镇/农村户口	15.2/84.8	34.8/65.2	98.8/1.2	98.4/1.6
富裕/中等/困难	1.0/86.6/12.4	2.7/78.5/18.8	2.7/90.5/6.8	3.1/89.1/7.8

1. 户口所在地

表 2.9 给出了四所高中学生户口所在地及家庭经济状况。县镇高中学生大部分是农村户口，即便是县镇重点高中的学生中，也有

① 杨 莹：《台湾地区教育扩展过程中不同家庭背景子女受教机会差异之研究》，国立台湾师范大学博士学位论文，1988 年，第 110 页。

65.2%的是农村户口。这两所县镇高中的情况存在较大差距。县镇重点高中城镇户口学生的比例要高于普通高中19.6个百分点。对于居住在县镇，具有城镇户口的家庭来说，无论是家庭文化氛围，还是支持子女就学的各项条件都具有优势，从而造成了来自于这些家庭的子女能够在初中升高中的考试中考取高分而就读重点高中，并最终能够获得上大学的机会，位于县城的重点高中当然成了他们的首选。通过这些数据我们还可以看出，即使是农村户口的学生，在学习成绩较好的情况下，也选择重点高中。而在城市高中已经基本不存在城镇户口和农村户口的差别了。从两所城市高中学生的户口所在地可以看出，98%以上的学生户口位于城镇。城市高中大都是招收本市的学生（个别省级重点高中在全省范围内招收少量的优秀学生），所以，城市不同类型高中学生的户口成分表现出很高的相似性。通过对学生户口所在地的对比，可以看出，县镇重点高中和非重点高中之间的差异很大，而城市重点和非重点高中之间没有实质性的差异；就城乡来对比，二者存在非常显著的差异。学生户口之间的最大差异是存在于城乡高中之间。

户口在中国社会中的作用是巨大的，可以说是维持今天社会结构最有力的体制因素。在我国这个城乡二元结构的体制下，城乡的经济社会和文化发展水平相差十分悬殊。城市高中学生的升学机会大大高于农村地区这一事实，充分反映了我国经济文化发展水平的城乡差异所造成的城乡学生接受高等教育机会的差异。所以，在我国，家庭所在地在一定程度上决定了学生将来接受的教育程度和质量。从这里我们也可以解释，为什么很多大学生宁可在城市待业也不会去农村或偏远地区就业的状况，对他们来说，有一个城市户口可以有很多附带的利益和优势。

2. 家庭经济状况

表2 9中有关学生家庭状况的统计数据，是学生在问卷中根据

自己对家庭经济状况的感受而得出的。我们在设计问卷时，考虑到调查每个家庭实际收入是比较困难的，故只给出了三个比较笼统的选项，即“富裕”、“中等”和“困难”。不同学校的学生在回答该问题时，所采用的标准可能是与当地的家庭收入水平做对比。统计数据显示，无论是城市还是乡镇学生对自身家庭经济状况的认识都具有很大的相似性，即选择家庭经济处于中等水平的均占了绝大部分，且都超过了一半以上。但是，深入对各个高中的情况进行分析，便可看出其中的差别。从“中等”这个指标来看，尽管表面上看，城市高中和县镇高中学生的比例相差不是很大，而实际上其差距是非常悬殊的。考虑到我国城乡发展的不平衡，如果把不同高中学生所给出的答案按照统一的标准进行统计，那么，把县镇高中学生选择“富裕”的用城市中的标准来衡量，则只能属于“中等”了，甚至属于“困难”了。因为我们国家各个地区以及城乡的经济发展水平相差十分悬殊，相应地其“富裕”、“中等”和“困难”之间的差距也是很大的。比如，广东的整体经济发展水平要高于河南，而就在广东省内也存在着严重的经济发展不平衡问题，珠三角和东西两翼及北部山区的经济发展水平相差甚远。2006 年珠三角地区的人均生产总值和地区生产总值分别为 49153 元和 21424. 28 亿元，东西两翼分别为 12443 元和 3833. 70 亿元，二者的人均生产总值相差将近 3 倍，经济总量相差将近 5 倍。① 由于经济之间的差距是一个不容忽视的问题，因而，不能用同一个标准来划分“富裕”、“中等”和“困难”。我们在这里所列出的家庭经济状况的三个等级是以所调查高中所在地的经济发展水平为参照的，这种划分只是相对的。即便是同一等级的家庭经济状况，比如“富裕”这一等级，由于所处地区经济发展水平不同，他们之间的家庭经济的实际状况还是相差甚远的。

我们对县镇高中的情况进行对比。从“困难”这个指标来看，

① 广州统计局：《广东统计年鉴 -2007》，北京．中国统计出版社，2007 年版，第 557，563 页。

两所县镇高中的学生比例分别为 12.4% 和 18.8%，均高于城市高中，表明县镇高中家庭经济困难的学生还是相当多的。而县镇重点高中困难学生的比例反而高于非重点高中，原因是什么呢？我们分析认为，第一，农村的家长很支持子女接受教育，家庭再困难，也要坚持让孩子读书，以便能接受更好的教育；第二，县镇重点高中的学生中城镇的学生多一些，与他们在一起学习的农村孩子跟他们相比，会更加感受到自己家庭经济条件困难，因此，选择这一选项的学生也会更多；第三，我们所调查的这所县镇普通中学学生的家庭，已经基本上不是真正意义上的农民，他们不是靠种地为生，而是靠做生意来获得家庭经济来源，所以说家庭经济条件会相对好一些。从选择"中等"的学生比例上也可以看出，普通高中要高于重点高中，表明，总体上普通高中学生的家庭经济条件要好于重点高中。这就是因为县镇重点高中真正意义上的农村学生比较多的缘故。

我们再看城市高中的情况。从"富裕"和"中等"这两个指标来看，城市的两个高中学生所占的比例相差不多，就是说，城市不同类型高中学生的家庭经济状况的差异很小。说明在经济发展水平较高的城市地区，家庭经济因素对学生的升学机会产生影响不显著，而对于经济发展水平较低的乡镇地区来说，家庭经济状况的差距就很大。表明位于不同地区高中学生的家庭经济状况的相对差距是很大的。

我们所调查的高中学生选择高校和专业时最大影响因素中的 4 个选项中，其中有 1 项是上"大学的花费"，四所高中学生中，县镇高中选择此项的比例要高于城市高中，县镇普通高中、县镇重点高中、城市普通高中和城市重点高中学生选此项的比例分别为 9.9%、3.1%、2.6% 和 2.1%。可以看出，县镇高中学生在高考选择时对于经济因素的考虑是比较多的。

另外，为了更进一步考察家庭经济状况对高中学生选择高校的影响状况，我们把家庭经济状况与学生选择高校的影响因素进行了交叉统计，结果如表2.10所示。

表2.10　家庭经济状况与高考选择的影响因素调查数据统计（%）

经济状况		影响因素			
		自己的兴趣与志向	上大学花费	未来就业前景	获得读大学机会
总体上	富裕	35.7	0	35.7	28.6
	中等	37.9	3.7	44.1	14.3
	贫困	40.4	6.4	40.4	12.8
乡镇普通高中	富裕	0	0	50.0	50.0
	中等	32.8	8.0	46.0	13.2
	贫困	20.0	20.0	52.0	8.0
乡镇重点高中	富裕	36.4	0	27.3	36.4
	中等	47.6	2.8	38.9	10.7
	贫困	47.4	5.1	35.9	11.5
城市普通高中	富裕	33.3	0	33.3	33.3
	中等	34.1	3.0	43.0	19.9
	贫困	26.1	0	52.2	21.7
城市重点高中	富裕	50.0	0	50.0	0
	中等	31.4	2.4	53.8	12.4
	贫困	60.0	0	26.7	13.3

从表中数据可以看出，四所高中的所有富裕阶层学生均没有选择“上大学的花费”这一选项，表明家庭经济条件好的学生，不必考虑上大学花费多少，经济因素对于富裕家庭的子女接受高等教育已经不产生影响。县镇重点学校和县镇普通学校选择“上大学花费”选项的分别有5.1%和20.0%，家庭经济状况是这些家庭子女上大学要考虑的重要因素之一。城市高中则出现了一个比较奇怪的现象，贫困家庭中的学生选择这一选项的比例为0，对于这一现象该如何解释？第一，家庭经济情况的贫富只是相对而言的，对于城市家庭，即使是处于“贫困”的状况，家庭的经济收入也能负担起学生上大

学的花费；第二，由于经济发展水平的区域不平衡，经济发展水平较高的地区以及城市家庭的绝对收入要远远高于经济欠发达地区，尤其是农村地区，而学生接受高等教育的花费（包括学费和生活费等）又是完全一样的，所以是高考选择要考虑的因素，这就出现了以上的现象。

在表2.11给出的就读高校学费和住宿费以及学校所在地的消费两个选项，是侧重于从经济因素的角度来考察。表中数据也充分体现出了明显的城乡差异。城市家庭学生父母在经济方面的优势地位，决定了教育消费不是影响其子女接受高等教育的制约因素。比如，在两个调查项目中，选择完全不重要的学生比例，城市高中都比乡镇高中高10多个百分点，而重要和非常重要选项上，县镇高中却又比城市高中高。这些数据说明，对家庭经济情况比较差的学生来说，他们不但要考虑能否考上大学，而且还要考虑上大学后能否担负得起学费和生活费，这对于他们来说是相当重要的。本来家庭经济收入就很低，而上大学却要到各种消费都较高的大城市，所以各种消费将成为这些家庭沉重的经济负担。

表2.11　不同类型高中学生选择高校影响因素调查数据统计（%）

选择高校的影响因素		县镇普通高中	县镇重点高中	城市普通高中	城市重点高中
学费和住宿费	完全不重要	2.5	6.1	12.2	17.7
	不太重要	27.2	35.9	37.6	42.2
	重要	51.0	41.0	37.6	26.6
	非常重要	19.3	17.0	12.5	13.5
学校所在地的消费水平	完全不重要	5.0	4.6	15.5	15.7
	不太重要	32.3	36.2	47.7	46.6
	重要	47.3	42.6	28.7	30.9
	非常重要	15.4	16.5	8.2	6.8

所以，我们认为，对于经济发展水平已经达到一定程度的地区，经济状况不是影响学生接受高等教育机会的重要因素，而对于经济发展水平较低的地区，经济因素对于学生的升学选择影响很大。事实上，经济因素对学生升学机会的影响是不容忽视的，因为，家庭经济状况直接决定着家庭对子女的教育投入。经济条件好的家庭，可以为子女提供更好的条件接受教育，比如可以让孩子参加很多兴趣班，购买很多学习用品以及图书等；而困难家庭能够为子女提供基本的学习费用已经很不容易了，其他教育方面的奢侈品更是不可能的。家庭经济的拮据成为限制部分家庭子女接受教育的重要因素，并在很大程度上影响了学生的学业成绩。而且，家庭经济好的学生，在高考选择时也不必考虑学校的收费以及学校所在地的消费水平，而困难家庭的孩子则要考虑经济因素，不能随意选择自己想报考的学校和专业。这些家庭的子女在统一高考的竞争中处于弱势地位，从而造成大部分经济困难家庭的子女因为高考成绩低而无缘接受高等教育，尤其是考分要求较高的重点高校和普通本科院校。相比之下，虽然民办高校的录取分数线相对较低，但是其高昂的学费使贫困家庭的子女也难以踏入这一门槛。

可以说，现阶段我国高等教育入学机会的差异性，在很大程度上反映了不同经济阶层的差异性。众所周知，基础教育阶段，不仅存在着入学规则和接受优质服务方面的不公平，而且，公共资源的配置，在区域、城乡、校际之间也存在着严重的不均衡（在第三章第二节中将对这个问题进行详细论述。）尽管各级政府都在采取措施努力实现教育公平，但是在现实中，这种差距仍然存在，甚至相当严重。我们认为要分别对待家庭经济因素对高等教育入学机会产生重要的影响作用，即当经济发展水平达到一定程度以后，家庭经济的影响作用会逐渐减弱，甚至消失，而对于我们这样一个区域经济发展水平差距逐步扩大的国家，经济因素的影响将越来越严重，而且还将产生长期的影响作用。

对于这两个地区的学生来说，要在同一个高考制度下进行竞争，即使考上了大学，也要在同一个消费标准下消费。实际上这个消费标准就是城市以及高阶层人群的消费标准，因为高校基本上设立在城市，大部分重点高校设在消费很高的大城市。比如，广东省的两所教育部直属的重点高校都设在广州市。从已进入高校的大学生的状况也可以看出其中的差别，比如，目前，大学生有开车去上学的，甚至有学生开车去食堂打饭，① 而一些贫困大学生却为了自己的生活费去送水赚钱。② 浙江传媒学院数字媒体专业大二的一名学生，带上一万斤橘子来上学的消息在各大媒体刊登，再一次引起了人们关于经济因素对接受高等教育影响的高度关注。

近几年，随着教育成本的不断升高，教育费用已经超出了许多家庭的承受能力，在农村，家长供孩子上学已经被认为是一场“赌博”。据新华社2005年的一项数据显示，10年间，我国大学学费从每年几百元一路飙升至每年5000元~8000元不等，猛涨约20倍，而同期国民人均收入增长不到4倍。调查显示，仅7.5%的公众能接受大学每年5000元以上的收费，71.6%的被调查者认为现在的高校收费太高。③ 这充分说明经济因素对于经济困难家庭子女接受高等教育的重要影响。

通过以上的分析，我们认为，处在经济发展水平较高地区的家庭，经济因素对子女接受高等教育的影响很小；对于经济发展水平较低的地区的家庭来说，经济因素对子女接受高等教育的影响还是比较显著的。也可以说，经济因素对学生接受高等教育机会的影响

① 《开私家车去食堂打饭？大学生开车上学惹争议》，［2006－12－18］. http://www. chinanews. com. cn.

② 《出身不同目的有别社会分层影响大学生人生选择》，［2006－08－09］. http://www. xinhuanet. com.

③ 石子砚：《万斤“学费橘”折射的不能承受之重》，［2009－02－20］. http://www. sina. com. cn.

存在于不同经济发展水平的地区之间，而同一地区的重点学校和非重点学校影响的差距较小。

3. 不同类型高中学生父母文化程度的差异

很多研究都表明，家长的文化程度越高，学生接受高等教育的机会越多，反之亦然。为了说明问题，不仅需要从整体上理解各个高中学生父母文化程度的差异性，更需要从高中类型和城乡高中之间学生父母文化程度的差异来分析。这样才能更全面深入地探究家长文化程度这一家庭背景因素对子女接受接受高等教育的影响作用。

表 2.12　不同类型高中学生父母文化程度的差异状况（%）

父母文化程度		县镇普通高中	县镇重点高中	城市普通高中	城市重点高中
父亲	小学及以下	38.1	2.8	3.5	3.1
	初中	40.6	31.1	9.0	13.1
	高中及中专	17.3	47.1	53.1	38.8
	大专及以上	4.1	19.0	34.4	45.0
母亲	小学及以下	52.5	11.0	3.3	7.8
	初中	36.5	38.4	14.8	13.9
	高中及中专	9.0	39.4	53.6	43.9
	大专以上	2.0	11.2	28.3	34.4

表 2.12 给出了四所高中学生父母文化程度的差异状况。总体上看，各个高中之间学生父亲的文化程度差异都很大。比如，父亲在大专及以上，四所高中的学生分别为 2.0%、19%、34.4% 和 45%，差异程度最大的是城市重点高中与县镇普通高中之间，前者是后者的 22.5 倍；而文化程度在小学及以下所占的比重，后者却是前者的 16.9 倍。四所高中学生中，父亲文化程度最低的是乡镇普通高中。

比较重点高中和非重点高中之间父亲的文化程度。总体上，重点高中学生父亲的文化程度要高于非重点高中。就县镇两所高中来看，重点高中学生父亲的文化程度明显高于非重点高中，大专及以上文化程度的比例前者是后者 9.5 倍，父亲文化程度是小学及以下的比例，后者则是前者的 18.75 倍，父亲文化程度在不同类型高中学生中表现出很大的差异性。而位于城市的两所高中之间的差异性也表现出相似的特征。表中的数据反映出城市重点高中学生父亲的文化程度要高于非重点高中，前者学生父亲文化程度是大专以上的比例比后者高出 10.6 个百分点。如果我们能够把所调查的数据与当地人口的各个层次的文化程度的人群进行对比，将更能清晰地看出其中的差异，但是，由于搜集资料的限制，无法得到相关的数据。不过从目前的调查数据已经能够看出其中的差异性。所以，从高中类型来看，高学历家庭的子女则有更多机会享受优质的高中教育资源，有更多的机会接受重点高中教育，从而也意味着有更多的机会接受高等教育。也就是说，学生接受什么样的高中教育在很大程度上取决于家长的文化程度。家长文化程度高的子女有更多的机会接受优质的高中教育，家长文化程度低的家庭子女则相反。高中类型之间的差异在很大程度上体现了学生家长文化程度之间的差异。学校分层是学生家长文化程度分层的体现。表 2.13 给出了杨东平所得出的父亲受教育程度与子女进入重点高中的调查结果，本研究给出的调查数据与杨东平教授课题组的调查数据基本一致。

表 2.13　父亲受教育程度与子女进入重点高中的比例（%）

文化程度	城市重点	城市普通	农村重点	农村普通
大专及以上	50.8	21.9	15.9	11.5
高中、中专、职高	23.9	27.9	24.4	23.7
初中及其以下	13.8	22.5	26.8	36.9

资料来源：杨东平．中国教育公平的理想与现实［M］．北京大学出版社，2006.189

我们再从城乡的角度来看学生父亲文化程度的差异。同是重点高中，城市重点高中 45% 以上学生的父亲具有大专及以上学历，该比例是县镇重点高中的2.37倍；即便是城市一般高中与县镇重点高中相比，二者也存在显著差异，在父亲是大专以上学历的学生中，前者是后者的1.81倍。从数据可以看出，即使是位于大城市的非重点高中学生的家长文化程度也明显高于县镇两所高中。城乡之间的差异还表现为，县镇重点高中和非重点高中父亲文化程度的差异程度要高于城市重点高中和非重点高中学生父亲文化程度之间的差异程度。据此可以得出结论，不同类型高中学生家长文化程度的差异是很显著的，不但表现在重点高中和非重点高中之间，更为显著地表现为城乡之间，城乡之间的差异程度要大于不同类型高中之间的差异程度。对比表2.12中给出的母亲文化程度的差异，则可以看出，不同学校之间母亲文化程度的差异性与父亲文化程度的差异性具有类似的规律。这些数据充分表明，不同类型高中学生父母的文化程度有着巨大差异。所以说，家长的文化程度对子女接受各级各类教育都产生重要影响。

4. 不同类型高中学生家长职业的差异

相应地，由于文化程度会直接影响到职业，因此具有文化程度差异性的学生家长的职业也存在着显著差异。表2.14给出了所调查的四所高中学生家长的职业差异状况。

根据表2.14给出的统计结果，首先对比一下位于城市的两所高中的情况。重点高中学生的父亲职业中，国家与社会管理者以及专业技术人员的比例远远高于非重点高中，而非重点高中其他几个阶层的学生较多。这再一次表明了社会分层和学校分层之间的关系，并表现为高社会阶层的子女在接受高中教育时已经居于优势地位。其实，这种差异在基础教育阶段就已经显现出来，从幼儿园到小学、初中阶段，优质的教育资源大部分被优势的阶层所享受，而低阶层子女较难享受这些优质教育资源，所以从起跑线上开始就已经输了。对比位于城市的两所高中与位于县镇的两所高中家长的职业情况则可看出，即使是城市的非重点高中学生家长的职业，也高于其他两所县镇高中。县镇两所高中主要集中了农业劳动者和工人家庭的子女。可以看出，城乡之间的差距也是十分明显的，这种差距明显大于校际之间的差距。位于城市的学校，其优势明显大于县镇地区的学校。不难发现，学生家庭背景的差距很显著地表现在学校类型和城乡差距上，不同地区和不同学校的学生整体上的家庭背景有相当大的差距。国家与社会管理者阶层主要拥有组织资源，专业技术人员阶层则主要拥有文化资源，同时这两个阶层也拥有较多的经济资源。就目前我国的状况而言，家庭收入与社会地位呈现明显的正相关关系，高收入阶层的这些资源最终会有利于子女获得更多的入学机会和享受更优质的教育资源。此外，经理人员、私营企业主和个体工商户这三个阶层的子女也拥有较多的入学机会，是因为这几个阶层拥有较多的经济资源，而在社会阶层影响子女教育机会的诸多因素中，家庭经济状况、父母的文化和职业就成为重要因素。

表 2.14　不同类型高中学校学生父母亲的职业差异状况（%）

父母职业		县镇普通高中	县镇重点高中	城市普通高中	城市重点高中
父亲	办事人员	0	2.6	1.2	6.2
	产业工人	7.8	4.5	2.9	2.1
	个体	9.3	7.6	2.9	3.1
	经理	0	0.2	3.5	2.6
	农民	47.1	45.2	0.3	0.5
	商业	10.3	9.0	7.6	15.5
	社会管理	1.5	2.9	5.8	8.8
	私营企业	9.8	0.2	2.6	2.6
	无业	0	1.2	5.5	2.6
	专业技术	2.5	12.9	6.4	11.9
	自由职业	0	0	0.6	0.5
	其他	11.8	13.6	60.8	43.5

(续表)

父母职业		县镇普通高中	县镇重点高中	城市普通高中	城市重点高中
母亲	办事人员	0.5	2.1	3.2	7.8
	产业工人	3.4	1.9	1.5	0.5
	个体	7.8	5.7	1.2	1.6
	经理	0	0.2	1.7	0.5
	农民	51.0	57.4	60.8	0.5
	商业	12.3	6.7	3.2	8.8
	社会管理	0.5	0.2	0.9	3.6
	私营企业	2.9	0.7	7.8	1.0
	无业	5.9	1.4	0.3	8.3
	专业技术	2.9	8.8	9.6	19.7
	自由职业	0	0	0.3	0.5
	其他	12.7	14.8	9.6	46.6

尽管社会主义社会人与人之间没有职业地位的差别，而只有社会分工的不同，但是现实让人不得不承认，不同职业的人员在经济收入、社会声誉、精神面貌以及其他各个方面都存在十分悬殊的差异。就从经济收入来说，不同职业之间的经济收入差距很大。数据显示，1978 年，国家统计局划分的 16 个大行业中，工资收入最高的“电力、煤气及水的生产和供应业”与最低的“社会服务业”人均工资之比仅为 2.17 倍；2006 年，全国各大行业中工资收入最高的“信息传输、计算机服务和软件产业”与最低的“农业人均工资之比高达 4.69 倍，全国这一比值最大的省份已经接近 6 倍。①

郭丛斌和闵维方对父母从事职业对子女教育机会影响的研究中指出：“父母所从事的职业对子女的教育机会获得具有较大的影响，特别是优势阶层的子女是高等教育资源的主要受益者，而劣势阶层的子女更多地被安排在中等教育和初等教育层次。高阶层比如‘机

① 《全国各大行业人均工资差距最大已接近 6 倍》，2008 年 2 月 27 日《教育文摘周报》第 10 版。

关、企事业单位负责人’和‘各类专业技术人员’阶层所拥有的经济资本和文化资本在所有阶层中均居前两位，处于较为明显的优势地位。这两类职业阶层拥有较为雄厚的经济资本，能够为子女的教育投入更多的资金，使其子女在教育机会获得的竞争中处于优势地位，拥有接受更多的更高层次教育的机会。这两类职业阶层拥有较多的文化资本，能够为子女提供更多更好的家庭教育，并能通过言传身教和家庭文化氛围影响子代的学习习惯和学习成绩等，使其子女在教育机会获得的竞争中处于有利地位，接受更多的更高层次的教育”。①

5. 文化程度、家长职业以及家庭经济条件之间的关系

我们再对学生家长文化程度、家长职业以及家庭经济条件之间的关系进行分析。上面我们分析了不同类型高中学生家庭经济状况的差异性。事实上，家庭经济条件的差异与家长文化程度的差异有着很显著的相关性。表 2.15 给出了父亲的文化程度与家庭经济状况之间的对应关系。可以看出，富裕阶层中，有 48.0% 的父亲的学历在大专以上，而困难家庭的这一比例只有 11.9%，二者相差了 36.1 个百分点。这些数据也进一步说明了家长文化程度与家庭经济状况的关系。根据该结论，我们认为，在我们国家，家长的文化程度决定了家长的经济收入。北京市统计局城市经济调查队对北京高收入“白领”所做的最新调查数据可以说明这一问题。该调查数据显示：2000 年，北京高收入群体人均月收入达到 7444 元。在接受调查的人中，月收入最高的一位达到 14984 元，最低的一位为 3500 元。硕士及以上高学历者的收入在高收入人群中排名第一，月人均收入达到 11731 元，本科学历者收入位居第二。从高收入群体学历构成来看，

---

① 郭丛斌、闵维方：《家庭经济和文化资本对子女教育机会获得的影响》，载《高等教育研究》2006 年第 11 期，第 24－31 页。

大专以上高学历者占总数的61%，其中大学本科占29.8%，硕士及以上占3.6%，高中（中专）学历占33.1%，初中及小学学历所占比重均较低。① 所以，家庭经济状况对高等教育入学机会的影响也可以说是家长文化程度影响的一种体现。

同时，家长职业与文化程度之间也存在明显的正相关关系。杨东平教授用卡方验证的方法检验家庭的文化资本、经济资本和社会资本对学生进入不同类型高中的影响。结果显示，文化资本、经济资本和社会资本对学生获得不同的受教育机会均有显著影响，三者之中以家长职业为代表的社会资本的影响力最大，其次为家庭的文化资本，比较而言家庭的经济资本对学生获得不同的受教育机会的影响较小。②“家庭背景对子女高等教育机会获得的影响方面，父母受教育程度的影响比父母年收入的影响更大，亦即家庭文化资本的作用要明显大于家庭经济资本的作用”。③

表2.15　父亲的文化程度与家庭经济状况

家庭经济状况	父亲文化程度			
	小学及以下（%）	初中（%）	高中或中专（%）	大专及以上（%）
富裕	8.0	20.0	24.0	48.0
中等	10.2	21.6	42.6	25.6
困难	10.4	37.3	40.3	11.9

6. 不同类型高中学生学习期间家庭过程的影响

四所高中学生父母的文化程度和职业背景相差很大，这种差异

① 《中国收入最高20种职业排行》，http://bbs. qq. com/cgi - bin/bbs/show/ content? club = 3&groupid = 10147&messageid = 19841.

② 杨东平：《中国教育公平的理想与现实》，北京．北京大学出版社，2006年版，第191页。

③ 郭丛斌、闵维方：《家庭经济和文化资本对子女教育机会获得的影响》，载《高等教育研究》2006年第11期，第24－31页。

也将直接影响到其子女的日常生活，并进而影响到学习。也就是说不同家庭出身的子女在受教育过程中的家庭过程和文化氛围等的影响也必须引起特别重视。所谓家庭过程是指家庭组成分子间交互作用的影响，它包括：父母管教方式、教育态度与期望水平等。家庭文化是指由家庭结构与家庭过程所传递的家庭观念、态度、语言及行为等。[①] 许多研究表明，父母的教育态度对子女学业成就有相当大的影响。下面我们根据对四所高中学生的问卷调查结果，探讨家庭过程对学生接受教育的影响作用。

（1）家长对子女的管教方式

表2.16给出了四所高中学生家长对其子女管教方式的统计数据。可以看出，总体上各高中学生的父母绝大部分都能采用与子女协商解决问题的家庭管理方式，而用专制、不管不问或者包办代替方式与子女相处的父母则很少。不过我们再对比不同类型高中的情况，还是可以看到其中所存在的差别。

在以民主方式管理自己子女方面，县镇与城市相比，普通高中和重点高中的民主管理方式都是县镇的高于城市的。我们对产生这种情况的原因进行了调查。在县镇高中，由于学生父母的文化水平整体上比较低（前面有论述），他们对子女的学习没有能力管教太多，而主要是依赖孩子自己的努力和学习的自主性，所以孩子就会感觉到家庭氛围比较民主。而在城市，由于父母大都具有较高的文化水平，而且大都是独生子女家庭，所以父母对子女的教育问题非常关心。很多家长倾注很大的精力来关心和支持子女读书，并按照自己的意愿为子女的学习和未来制定出了详细的培养方案。所以，城市的孩子会背负更大的来自家长的压力，从而出现了生活在文化氛围更高的城市学生却比县镇学生感受到较低的家庭民主气氛的

① 杨　莹：《台湾地区教育扩展过程中不同家庭背景子女受教机会差异之研究》，国立台湾师范大学博士学位论文，1988年，第103页。

情况。

另外，还可以从学生住宿情况（如表2.17所示）找原因。可以看出，城市高中的大部分学生是与家人同住的，住校的学生比例很低，相反，县镇学生住校的比例却很高。在这种情况下，县镇高中学生跟父母在一起的时间很少，一个星期可能才回家一次跟父母团聚。所以，在这短短的时间内，父母也不会对子女有什么过分要求，子女所感受到的更多是父母的关心和爱护，由此也使得县镇学生感受到家庭氛围是民主的、和谐的。而对于城市学生，由于几乎每天都要回家跟父母在一起，又加上父母对子女更多、更高的要求，使得孩子感受到家庭氛围的紧张。城市中，父母对子女无微不至的关怀和管教，有时会被子女解读为专制。县镇普通高中学生选择家长教育过程中放任的比例最高，这主要是因为，其父母自身由于在教育上的劣势，使得很多事情需要由子女独立去承担和面对，而他们的子女对此的解读就是放任。表2.16中给出的不同学校间在专制、放任和包办代办选项中的数据差异，则进一步证明了上述分析的正确性。

就重点高中和非重点高中来说，无论是在县镇还是城市，感受到家庭民主氛围的学生都是重点高中的要大于普通高中。这是因为，能够就读重点学校的学生，很多都具备今天社会价值观中好孩子的品质，这些孩子自身的积极性和学习努力程度也比较高，家长比较满意，不会对孩子提出更多过分的要求。所以，无论是在县镇还是在城市都是重点学校的学生能感受到更多的民主气氛。

表2.16 不同类型高中学生家长对子女管教方式的统计数据（%）

家长管教方式	县镇普通高中	县镇重点高中	城市普通高中	城市重点高中
民主	72.7	82.6	67.7	72.3
专制	10.1	7.2	23.8	13.1
放任	16.2	8.4	5.9	12.0
包办代办	1.0	1.9	2.6	2.6

表 2.17　不同类型高中学生的住宿情况统计（%）

高中住宿方式	县镇普通高中	县镇重点高中	城市普通高中	城市重点高中
与家人同住	23.6	23.7	96.2	69.9
学生宿舍	73.4	72.7	0.6	26.4
自己租房	2.0	3.1	0.9	1.6
其他	1.0	0.5	2.3	2.1

（2）不同类型高中学生所感受到的与家人的关系

表 2.18 中分别给出了子女与家人的关系情况。表 2.18 中所显示的“亲密”选项与表 2.16 中所显示的“民主”选项表现出相似的特征。其中，县镇重点高中的学生具有最高的与家人之间的亲密度。熟悉县镇（特别是农村）情况的应该知道，由于信息的闭塞和交往条件的限制，在那些地方可以就读重点高中的学生与家人之间很自然地建立起亲密关系，这其中学生家人在当地也往往有着优势背景，这也很自然地强化着这种关系；而对于普通高中的学生来说，由于父母的弱势地位，造成了这些学生相对更加独立的人格因素，并体现在与家人关系的感受上。城市与县镇高中学生相比，无论是重点还是普通高中的学生与家人亲密感都较低。其主要原因是，城市的学生生活中可以享受充分的现代信息，并具有更大的生活交往圈子，这极大地增强了学生的独立人格。正是因为这种独立人格的形成，造成了这样一种情况，即尽管很多城市学生的父母认为已给予自己子女无限的关爱，但其子女却有自己的想法。解释表 2.18 数据的原因，与表 2.16 基本相同。也就是说，家庭的民主氛围能够给孩子带来亲密感和幸福感。

表 2.18　不同类型高中学生所感受到与家人关系的数据统计（%）

与家人关系	县镇普通高中	县镇重点高中	城市普通高中	城市重点高中
亲密	58.1	76.0	62.5	68.9

（续表）

与家人关系	县镇普通高中	县镇重点高中	城市普通高中	城市重点高中
普通	39.9	20.9	34.0	29.5
疏远	2.0	3.1	3.5	1.6

（3）父亲的文化程度与对子女期望的关系

表2.19给出了父母文化程度及其对子女未来学习期望的数据统计结果。需要说明的是，表中数据是综合所有调查样本后得出的，以期从总体上认识父母文化程度对子女的影响。从表中数据可以看出，从父亲和母亲文化程度所得到的调查结果具有类似性，在接下来的论述中，我们主要从父亲文化程度的角度来进行讨论。

从表中数据可以明显地看出，父亲学历越高，其对子女的学位期望也越高。其中，大专及以上的家长中分别有23.1%和23.8%期望子女能获得博士或硕士学位；而小学及以下的家长中只有13.1%和8.4%期望子女能获得博士学位或硕士学位；大专及以上的家长中只有0.4%的期望子女获得中专学历，小学及以下的有3.7%，相差3.3个百分点。高学历家长中有将近50%的希望自己的子女能获得硕士以上的学历。所以说，家长的文化程度越高，其对子女的期望值也越高。这是因为家长的文化程度是衡量家庭文化资本的一个重要指标，家长的文化程度越高，也越能够把这种意识转移到对下一代的教育上。

表2.19 高中学生父母的文化程度及对其子女高等教育期望情况统计（%）

父母文化程度		期望的学位				
		博士	硕士	学士	专科	中专
父亲	小学及以下	13.1	8.4	66.4	8.4	3.7
	初中	19.3	21.7	51.8	5.2	2.0
	高中或中专	20.2	19.8	53.1	5.5	1.4
	大专及以上	23.1	23.8	49.2	3.5	0.4

（续表）

父母文化程度		期望的学位				
		博士	硕士	学士	专科	中专
母亲	小学及以下	16.6	11.8	60.4	7.1	4.1
	初中	19.4	21.5	51.8	5.3	2.1
	高中或中专	19.8	18.5	55.8	4.9	1.0
	大专及以上	27.7	24.1	44.5	3.1	0.5

前面已经根据表2.12中的数据，对不同类型高中学生家长文化程度的差异状况进行了分析和阐述。把这一调查结果与表2.19的调查结果结合起来进行分析，可以看出，不同类型高中学生家长对子女的期望程度有显著差异。重点高中比非重点高中学生家长对子女的期望程度高，城市高中学生的家长对子女的期望值要高于县镇高中学生的家长。

这里可以看出文化资本的影响，这一影响因素应该受到特别的关注。文化资本的概念最早是由法国学者布尔迪厄提出的，他认为文化资本是社会各阶级和个人所拥有的知识、技术、气质以及文化背景的总和，是一种有别于经济资本和社会资本，基于对文化资源占有的资本。拥有较多文化资本的父母，通常会更加重视子女接受教育的状况，可以通过言传身教和营造良好的文化氛围，使子女养成较好的学习习惯，进而使子女能够接受更好的教育。家长的文化程度对教育机会的影响主要是间接地通过家庭生活环境起作用，家庭生活环境包括家庭氛围、家长的态度和教养方式以及对子女的早期教育等。家长文化程度的差异将会造成家庭环境的差异，从而对子女产生不同的家庭教育结果。西方关于家庭文化背景与教育关系的一项名为IEA的国际比较研究表明，造成学生学业成绩差异的原因，80%在于校外，而家庭的社会文化背景是其中最主要的因素。①

① 董泽芳：《教育社会学》，武汉．华中师范大学出版社，1990年版，第87页。

然而，我们对于这些结论要区别对待，家长文化程度对子女接受高等教育的影响，在不同的经济社会发展条件下，其作用的大小是不同的。“布尔迪厄所揭示的家庭的文化资本会成为社会身份、文化再生产的重要机制，是因为它已经满足了一个前提条件：在国民教育体系中，学校教育的资源是基本均衡的，不同家庭背景的学生在学校享受同质的教育，影响他们学业成就的主要变量是不同的家庭环境，文化资本的作用因此而凸显。在我国这样等级化的学校系统中，学校的重要性明显大于不同家庭背景的影响。这就是说，重点学校学生和普通学校学生的差异，要大于同一所学校之中不同家庭背景学生之间的差异，学生的学业成就，可以大致依据学校的类别而进行区分。正如国外已有研究所指出的：‘在发达国家（高人均 GNP），在预测学生学业成就的差异方面，家庭因素的作用要远远优于学校因素对学生学业成就的影响；但是，在欠发达国家，情况就反过来了，学校的因素优于家庭。这两种比较的结果表明了在社会层级上的学校教育的效能，也揭示了在国家水平上社会力量构成成就模式的背景’”。① 所以，根据这样的分析，并结合以上的调查，我们认为，在我国，家长文化程度的差异已经在很大程度上影响了学生接受教育的不同，而这种差异又因学校之间的等级划分进一步加剧，多种因素的结合最终导致了不同家庭背景的学生接受高等教育机会的差异性。

第四节　从学生的学习情况看不同类型高中学生升学机会的差异

我们通过问卷调查的方式获得了四所高中学生在有关学习方面的数据，这一部分我们将根据这些数据，对不同类型高中学生在学

① 杨东平：《中国教育公平的理想与现实》，北京大学出版社，2006 年版，第 192 页。

习方面的差异状况进行分析。

一、不同类型高中学生学习感受的差异

学生对学习的感受，不但关系到学生对学习的认同感，同时也是学生对来自于外部的学习因素的感知，这种感受不但对学生学习效果有重要影响，而且对学生人格的形成、持续性学习能力的培养等方面具有重要作用。为研究这个问题，我们在问卷中设计了三个选项，即“快乐”、“一般”与“不快乐”。下面我们四所高中学生的感受进行分析。

表 2.20 给出了所调查的高中学生对高中阶段学习感受的统计结果。可以看出，各高中学生所选择的结果虽然有所差别，但是相差不是很大。每所高中学生中的大部分（约三分之一以上）选择了“一般”这一选项。而对于“快乐”和“不快乐”这两个选项，各高中学生选择前者的比例要大于后者，选择“不快乐”的学生所占比例最低。表明总体上各高中学生对高中的学习还是比较满意的。

表 2.20　不同类型高中学生对高中阶段学习感受的统计结果（%）

学习感受	县镇普通高中	县镇重点高中	城市普通高中	城市重点高中
快乐	17.3	26.9	23.3	20.2
一般	65.8	61.6	60.5	62.7
不快乐	16.8	11.5	16.3	17.1

“快乐”这一选项上，比例最高的是县镇重点高中的学生，有 26.9%；而在选择“不快乐”的比例中，最低的是县镇重点高中，只有 11.5%，要低于比例最高的城市重点高中 5.6 个百分点。四所高中学生中，感到“不快乐”最多的是城市重点高中。为什么城市重点高中和县镇重点高中学生的感受相差这么大呢？

重点高中尤其是城市重点高中的优势地位是众所周知的。这类学校集中了基础好、素质高的学生，这么多高素质的学生在一起生活和学习，应当有更好的学习环境和氛围，竞争意识也会更强，这无疑对学生的能力和综合素质的提高起着重要作用。但是，我们也应该看到这种激烈的竞争环境给学生所带来的负面影响，竞争会给学生带来巨大的精神压力。我们通过对广州市一所重点高中学生进行访谈和问卷调查得知，这些学生大部分感到学习压力很大，感到高中生活很郁闷、无聊和烦躁。有部分学生认为高中生活“比较乏味，比较辛苦”、“没什么好说的，应试教育，该学的要学，不该学的也要学”、“学习压力大”、“枯燥、乏味、郁闷、无聊、没激情、没前途”等等。对于城市重点高中的学生来说，他们在拥有良好的家庭条件，并享受着优质的教育资源的同时，也承受着巨大的心理压力。从广东的一位示范性高中校长的一段话中，就可以感受到学生的压力的存在。“……对于校长和教师而言，现在的主要压力还是来自于高考，培养的学生质量怎样，家长、社会、领导主要还是要看升学率，高考不行，家长、社会肯定不满意，……”。① 这句话道出了学生压力的根源所在。另外，对于城市的学生来说，由于他们生长的环境条件较好，没有经历过什么磨难，所以对于高中阶段的感受就是“枯燥、乏味、郁闷、辛苦等”，在困难面前，意志没有那么坚强。

相比之下，县镇重点高中学生的感受却更积极、快乐。这所县镇重点高中的学生普遍对前途充满了信心，大部分学生认为：“高中阶段虽然很辛苦，但很充实，很累但很快乐”，因为他们认识到“为了三年后的硕果，辛苦三年又何妨！”、“高中阶段确实苦，但一想到自己光明的未来，便不觉得苦了”、“高中阶段要努力学习，要抓紧高中三年的时间，多掌握一些知识，不荒废学业，让自己的人生更

① 王文友、续梅、苏婷：《如何理性看待示范性高中》，2008 年 2 月 25 日《中国教育报》，第 1 版。

精彩”、“在学习中学到了真正的知识，在老师的帮助下，学会了曾未接触过的知识”。这些县镇高中学生的家庭条件不太好，希望通过高考来改变自己和家人的命运，把所有的希望都寄托在高考上，所以学习很努力。同时，由于他们在比较艰苦的环境中成长，养成了吃苦耐劳的精神，在学习中能够克服重重困难。从中我们可以感受到他们对于接受高等教育的渴望，可以想象高考落榜对他们的打击之大，同时，我们也可以理解在本章第二节所论述的学生能坚持一年甚至数年复读的原因。

城市普通高中学生在“快乐”的选择上要高于城市重点高中3.1个百分点，在“不快乐”的选择上低于城市重点高中，表明这些学生对高中生活还更为满意。可能的原因是，由于非重点高中生源状况不是很好，竞争氛围也没有那么浓郁，学生不会感到有太大的压力；另外，由于城市学生有较好的家庭背景，优越感较强，相对来说没有太强的紧迫感和忧患意识，成绩好的学生把目标定在重点大学，成绩不好的学生依靠父母的关系也可以就读大学，国内大学不行，可以支付高学费到国外的大学就读，不管走何种道路，将来都会有一个美好的前程。

就读于重点高中和非重点高中学生感受的差异，有人进行了调查。该调查结果显示，在重点中学和非重点中学就读确实存在差异，其主要表现为：第一学习环境的差异。在重点中学有72.92%的同学认为，进入重点中学学习对自己的学习有影响，67.71%的同学认为自己能够适应周围的学习环境；而在非重点中学有66.71%的同学认为没有进入重点中学对自己的学习有影响，51.55%的同学认为自己不能适应周围的学习环境。绝大部分重点中学的学生认为，在重点中学学习，有良好的学习环境与氛围；而非重点中学的同学则抱怨学习环境和氛围不好，会对学习造成负面的影响。在心理压力方面，重点中学中有80.21%的同学认为重点中学学生的压力更大，而非重点中学也有57.73%的同学认为非重点中学学生的压力大于重点中学学生的压力。两种类型学校的学生的压力来源是不同的，重点中学的学生压力是来自社会上的舆论、家长和老师的压力，他们要努力学习，才不会辜负老师和家长的期望，不会有失重点中学学生的身份；而非重点中学的学生同样要面对社会上的舆论和来自家长、老师的压力，他们的压力似乎更大，因为这其中更多的是怀疑和担心，使他们背负更大的压力，学习上付出更多的努力。① 所以说，在重点中学和非重点中学，学生的学习动力和学习氛围的差别是很大的，重点中学的学生显然会有很大的学习动力，从而也有更好的机会去学习更多的东西。但是也应该看到，在巨大的升学压力下，高中学生为了应付高考而付出了很多，这是造成他们选择学习快乐较少，甚至还有相当部分同学选择学习不快乐的原因之一。

二、不同类型高中学生获取课外知识的情况

课堂以外知识的获得不但对学生整体知识结构的完善具有重要意义，而且也对学生健全人格的形成具有积极的影响。为了考察不同类型高中学生获取课外知识的情况，我们在问卷中分别设计了学生对科学知识、活动、人物和事件是否感兴趣以及对课外知识获取途径多少的相关内容。

1. 不同类型高中学生对课外知识和活动感兴趣的程度

表 2.21 给出了不同类型高中学生对科学知识、活动、人物和事件的感兴趣程度的统计结果。可以看出，两所重点高中学生在获得和了解科学知识、活动、人物和事件上表现出积极的态度。城市重点高中学生选择很感兴趣的比例最高，达到 60.7%，县镇重点高中

① 黄　莉等：《在重点中学与非重点中学就读的差异》（节选），载《作文大王》（中学版）2004 年第 9 期，第 14－16 页。

为57.8%。两所重点高中的比例均高于两所普通高中10个百分点以上，表明在对科学知识、活动、人物和事件的关注方面，重点高中学生表现出比普通高中学生更大的积极性和主动性。对一件事情、活动或一些知识是否感兴趣，以及感兴趣的程度高低是经过长期培养而获得的。重点高中学生有很好的家庭环境和氛围，家长很注意培养孩子各方面的兴趣。几乎每个城市家庭都会让孩子参加很多兴趣班，城市学生从出生就开始接受更多更广泛的教育，而且家长还尽量为子女创造条件参加多种活动，为培养综合素质奠定了良好基础。重点高中学生的学习成绩及其他各方面素质都比较好，而且重点高中尤其是城市重点高中优越的外部条件为学生认知外部世界、接触新事物提供了得天独厚的条件。

表2.21　不同类型高中学生对科学知识、活动、人物和事件的感受统计数据（%）

学生感受	县镇普通高中	县镇重点高中	城市普通高中	城市重点高中
很感兴趣	46.0	57.8	44.8	60.7
一般	50.0	38.8	53.8	34.0
没兴趣	4.0	3.3	1.5	5.2

不过我们从统计表中也可以看出，各类高中对科学知识、活动、人物和事件感到一般的学生都占了一定的比例，这个结果值得我们思考。一方面，可能是部分学生的家庭环境比较差，家长所能提供的条件有限，很难对科学知识、活动、人物和事件产生兴趣；另一方面，也可以从我们的高考本身去寻找原因，我们通过对学生的访谈，了解到，学生们实际上还是希望参与更多的课外活动，但是由于高考的压力太大，学校在时间安排上也没有过多顾及学生的课外活动，所以也就谈不上有没有兴趣。有部分学生反映：高中生活比较乏味，希望多举办一些科普研究活动；枯燥、乏味、郁闷；苦闷、

压力大、活动时间少。从中可以找出一些原因。

2. 不同类型高中学生获取课外知识的途径

表2.21中给出的调查数据表明，不同类型高中学生对科学知识、活动或事件的感受是有差别的，表明这些学生的生活背景、人生观等存在差异。表2.22给出了我们对四所高中学生获取知识的途径多少的调查统计数据。从该调查数据差异性上可反映出学生对不同事物的感受具有差异感的原因。

表2.22 不同类型高中学生获取课外知识的途径多少的数据统计（%）

获取课外知识的途径	县镇普通高中	县镇重点高中	城市普通高中	城市重点高中
很多	26.6	38.6	57.4	56.8
较少	63.1	53.7	38.8	39.1
很少	10.3	7.7	3.8	4.2

可以看出，不同类型高中学生获取课外知识的途径差异很大。其中，城乡高中之间的差异最大。这些带有主观因素的答案是学生立足于自身条件所给出的。我们认为，由于学生自身认识问题的局限性，现实中的实际差距比表中显示的数据差异可能更大。因为，生活在不同地区和家庭，就读于不同学校的学生，在认识和评价事物时有一定的差别。也就是说，即使是城乡高中学生给出了同样的评价，比如都是“很多”，但这些评价所包含的深层次含义也可能是不同的。就读于县镇高中的农村学生所接触的范围也就是他的村庄以及他就读学校的所在地。学校有个简陋的图书室，所在县镇有个新华书店，他们也许就会认为有了很好的获取课外知识的途径；对于生长在城市的学生来说，他们周围遍布着各种书店以及图书馆，而且家庭、学校大都可以提供较好的图书资源。这仅仅是用图书来进行比较，还有其他更多的获取信息途径上的差别。在这个问题上，

城乡的差别绝不是可以用简单的数字就能说明的，可以说城市学生基本具备了全方位获取课外知识的条件，而县镇学生则还处于闭塞和物质贫乏的阶段。

另外，从不同类型高中学生的住宿情况可知，县镇高中大部分学生寄宿在学校，而城市学生大部分为走读。县镇高中学生的住宿采用集中管理，在一周的时间段内，学校宿舍和教室是学生日常休息和学习的场所，他们主要接触的是自己的老师和同学，很少有接触其他信息的机会。这培养了县镇高中学生独立学习、日常生活起居以及与同学、老师相处的能力，但与外面世界的接触则相对很少。所以，教师的综合素质对学生言传身教就显得尤其重要，县镇高中的师资力量又较为薄弱，所以也直接影响了学生知识面的拓展和创造能力的培养。在学习基础相对较差（与城市相比）及在高考升学压力的背景下，高考的考试内容可能就是这些学生日常学习的全部。

3. 课外学习资料的阅读情况

学习资料涉猎的多少，可以从一个侧面反映一个学生知识面的宽窄，掌握知识的多寡，以及在人格和情感方面的修养等。经常看一些课外读物，对于一个人的成长是非常重要的。人们常说，富翁可以通过一夜暴富产生，而贵族需要几代才能够修炼而成，一个人的成功与否需要很多方面的准备。为了考察不同类型高中学生对课外知识的涉猎情况，我们在问卷中专门设计了学生常看的课外资料的情况。表 2. 23 给出了所调查的高中学生对该问题的回答结果的统计数据。

在表 2. 23 中所给出的 6 个调查选项中，除了第一个选项直接与考试有关外，其他选项从表面上看都与考试没有太大的关系。首先来看不同类型高中学生对考试辅导资料的使用情况。总体上，县镇普通高中的使用最少，县镇重点高中的使用最多，重点高中比普通高中使用的多。通过这些数据可以从一个侧面了解不同类型高中是如何应对考试的。重点高中的学生由于具备较强的能力，再加上任课教师和学校在应对考试方面的经验比较丰富，使其可能有针对性地通过考试辅导资料来应对高考命题老师所给出的挑战。实践证明，在我国恢复高考并确立了在分数面前人人平等的高考制度以来，就产生了一大批包括有广大的高中任课教师、高考资料编写者、高考内容研究者等在内的考试专家。他们一直都在对高考命题的原则、可能的考试题目及内容等进行着不懈的研究。根据这些专家和教师的意见进行针对性的准备工作，是可以在高考博弈中取得高分的。虽然高考分数在一定程度上能够反映一个考生的能力，但在很多时候又可以被看成一种适应某种“游戏”规则的能力。表 2. 23 中，县镇重点高中使用“考试辅导资料”的比例最高是很容易理解的。通常来讲，县镇重点高中往往集中了所在地域内最优秀的适龄青年，加上升学对改变他们命运的诱惑力，虽然在教学条件和高中以前所接受的教育与城市学生相比有差别，但在学习的投入和吃苦耐劳方面，绝对是不会落于人后的。他们会通过勤奋学习（也就是大量涉猎复习资料）来提升高考应试能力。不过，这些学生在高考中即使能够得到高分，但与城市学生相比，还是处于劣势地位，比如，如果参加像香港大学在内地招生那样的加试面试，他们的很多缺陷会凸显出来。

表 2. 23　不同类型高中学生常看的课外学习资料情况统计数据（%）

学生常看的课外资料		县镇普通高中	县镇重点高中	城市普通高中	城市重点高中
1. 考试辅导资料	从不	6. 4	2. 2	4. 7	2. 6
	很少	32. 4	18. 5	23. 9	20. 4
	有时	44. 1	35. 0	42. 6	40. 3
	经常	17. 2	44. 4	28. 9	36. 6

（续表）

学生常看的课外资料		县镇普通高中	县镇重点高中	城市普通高中	城市重点高中
2. 报刊杂志	从不	2.0	1.4	0.6	2.6
	很少	23.5	15.1	12.0	12.0
	有时	51.5	44.5	38.2	43.5
	经常	23.0	39.0	49.3	41.9
3. 中外名著	从不	6.9	3.4	6.1	3.7
	很少	49.3	30.3	35.1	33.5
	有时	33.0	48.8	42.7	46.1
	经常	10.8	17.5	16.1	16.8
4. 畅销书	从不	9.3	3.6	6.7	7.3
	很少	45.1	35.3	26.5	28.8
	有时	34.8	42.4	40.2	43.5
	经常	10.8	18.7	26.5	20.4
5. 科技书	从不	7.4	4.6	7.6	3.1
	很少	48.0	34.1	35.1	42.7
	有时	32.4	42.2	41.8	36.5
	经常	12.3	19.2	15.5	17.7
6. 散文诗歌	从不	11.3	3.8	5.8	3.7
	很少	47.8	32.1	30.2	33.0
	有时	30.0	42.4	37.5	39.3
	经常	10.8	21.6	26.5	24.1

表2.23中所给出的其他选项，调查数据总体上展现出一定的规律性，即在对包括报刊杂志、中外名著、畅销书、科技书、散文诗歌这些课外读物的阅读上，城市高中学生明显比县镇高中学生阅读得多，而重点高中的学生在整体上也比普通高中的学生阅读得多。经常阅读这些读物，可以起到拓展一个人的眼界、陶冶情操、增加知识储备、认识世界等作用，最直接的结果就是有利于他们的综合素质和综合能力的提高，从而提升高考竞争力。在这些方面的差别，

无疑也将影响到学生在高考中的竞争力，从而影响到青年人未来所可能取得的成就。

三、不同类型高中教师教学情况和学生学习方式的差异

家长在为自己的子女选择学校的时候，都会考虑到该校的一个重要指标，那就是办学条件。办学条件包括了很多软件和硬件方面的条件，比如，教学场地、师资水平、课堂及实验教学条件、教学模式、课后辅助学习情况等。通常情况下，这些条件的形成是与学校的历史以及学校所获得的认证等级相关，因为这些因素使学校具备获得程度不同的资金和政策等支持。其中教师的教学情况和学生的学习方式则反映出一所学校的办学条件。本部分将根据问卷调查所获得的统计数据来阐述所调查的四所高中在这些方面的差异情况。

1. 教师的教学情况

（1）教师使用多媒体的情况

表2.24给出了我们所调查的不同类型高中教师在课堂教学过程中使用多媒体进行教学情况的统计数据。在该项调查中，考虑到多媒体是现代教学发展的方向之一，况且这种教学手段的使用在体现学校硬件条件的同时，也能从一个侧面反映所在学校教师的水平，故在此选择多媒体作为教学硬件条件的代表来说明问题。可以看出，表中调查数据所表现出的差异性主要表现为县镇高中和城市高中之间的差别，即城市高中在教学过程中已经把多媒体的使用作为重要的教学手段，而县镇高中使用得还很少。

多媒体是“传统的计算媒体——文字、图形、图像、逻辑分析方法等与视频、音频以及为了知识创建和表达的交互式应用的结合体”。多媒体技术概括起来就是：计算机交互式综合处理多媒体信息——文本、图形、图像和声音，使多种信息建立逻辑连接，集成为

一个系统并具有交互性。简言之，多媒体技术就是具有集成性、实时性和交互性的计算机综合处理声文图信息的技术。在我国一般认为多媒体技术指的就是能对多种载体（媒介）上的信息和多种存储体（媒介）上的信息进行处理的技术。① 多媒体是一个复杂的概念，对此概念不同的理解和感受应是同一所学校和不同学校学生给出不同答案的主要原因，认为对该技术在学习过程中应用普及性的感受差别应是另一个导致差别的关键。

表 2.24　不同类型高中教师使用多媒体进行教学情况数据统计（%）

多媒体使用	县镇普通高中	县镇重点高中	城市普通高中	城市重点高中
从不	8.3	21.8	0.3	1.6
很少	30.9	46.8	2.9	0.5
有时	48.5	27.1	19.8	20.7
经常	12.3	4.3	77.0	77.2

从该调查数据可以明显地看出，即使是县镇重点高中的学生，也较少能够享受到现代技术发展所带来的教学手段的更新。多媒体教学能够在教学过程中把教学内容采用包括文本、图形、动画、静态视频、动态视频和声音等形式表达出来，并在这个过程中让学生体现出其主动性，以及教师和学生之间的交互性。而对于城乡学校来说，这种因教学手段更新而导致的教学效果的差异性，是需要认真考虑的。我们反过来看，图 2.3 给出的 2000 - 2006 年间所调查的县级市高中生升入大学人数变化曲线中，2005 年后升学率出现了停滞现象，这有正常波动的因素，但是否也要考虑以下的一种情况：现代教育技术的飞速发展，给教育的发展提供了很好的条件，但是这种技术在城乡的应用的差别很大。先进的教育技术在县镇的应用

① 袁　宁：《多媒体知识全接触（一）：多媒体的定义》，http://www.pconline.com.cn/pcedu/rookie/basic/10111/15333.html.

很少，一方面是硬件设备上没有足够的资金，另一个方面，即使有了设备，由于师资水平有限，也不具备应用的能力，所以尽管县镇也在发展，但是城市发展更快，从这个意义上讲，城乡教育之间的相对差距在继续扩大，这就如同基尼系数所反映出的我国城乡贫富差距继续扩大一样。

（2）教师的课堂教学方式

教师的授课方式反映了教师对教育艺术的掌握和运用能力，同时也反映了教师对本学科知识和其他学科知识的娴熟的驾驭能力，是教师教育教学能力的重要体现，对提高学生的学习兴趣、培养学生的综合能力起到至关重要的作用。我们在问卷调查中，设计了“教师采用探究、激励和互动等教学方式”的情况这样一个问题。表2.25给出了对四所高中学生的调查结果。从表中所给出数据可以看出，在对这些先进教学方式的使用上，城市高中的比例要高于县镇高中，而重点学校高于普通学校。表明在高中阶段，不同类型学校由于其教师自身实力之间存在差别，导致其授课方式的不同，重点学校和城市学校在教师教学方式上依然处于领先地位。这从一个侧面反映了城乡高中之间，以及重点和非重点高中之间在师资力量方面的差距，其中差距最大的还是体现在城乡之间。

表2.25　不同类型高中教师采用研究、激励和互动等教学方式情况数据统计（%）

教学方式的使用	县镇普通高中	县镇重点高中	城市普通高中	城市重点高中
从不	8.9	5.8	0.3	2.1
很少	38.9	29.6	18.4	18.1
有时	43.3	40.7	55.6	44.6
经常	8.9	23.9	25.7	35.2

2001年，教育部印发了《普通高中“研究性学习”实施指南（试行）》（教基［2001］6号），明确提出了在有条件的高中开展研

究性学习的要求。实施指南指出“实施以培养创新精神和实践能力为重点的素质教育，关键是改变教师的教学方式和学生的学习方式。设置研究性学习的目的在于改变学生以单纯地接受教师传授知识为主的学习方式，为学生构建开放的学习环境，提供多渠道获取知识、并将学到的知识加以综合应用于实践的机会，促进他们形成积极的学习态度和良好的学习策略，培养创新精神和实践能力”。为了应对教学方式的转变要求，“要求教师的教育观念和教学行为也必须发生转变，在学习过程中教师将成为学生学习的促进者、组织者和指导者，教师必须不断地吸纳新知识，更新自身的知识结构，提高自身的综合素质，并建立新型的师生关系”。研究性课程教学对老师提出了更高的要求。根据我们调查，城市高中，尤其是城市重点高中，所开设的研究性课程的教学水平和教学效果都比较好，而县镇高中则根本就没有开设这方面的课程。下面有关不同类型高中学生在自主学习和自主研究方面的差异，也反映了不同类型高中在实施研究性课程教学方面的差异性。造成这种差异性的原因是多方面的，师资力量薄弱则是一个很重要的因素。地处城市并具有重点学校称号的学校，由于在可利用资源上所具有的优势地位，无疑在新教学模式实施上具有很大的优越性，并反映在教学效果上。同样，根据教师自身的条件，教师在教学过程中采用激励和互动等有利于学生潜能充分发挥的教学方式，都有助于学生学习和综合能力的提高。表 2.25 中的数据可以为回答城市和重点高中在高考中具有优势地位提供很好的佐证。

2. 学生的学习方式

（1）学生自己动手做实验的情况

通过对比表 2.26 给出的所调查的高中学生自己动手做实验情况统计数据，会更加凸显出不同高中在硬件设施方面的差异性。

表 2.26 不同类型高中学生自己动手做实验情况的统计数据（%）

自己动手实验	县镇普通高中	县镇重点高中	城市普通高中	城市重点高中
从不	10.8	16.3	3.8	1.0
很少	61.3	45.0	42.8	39.9
有时	26.5	28.8	41.6	42.5
经常	1.5	9.9	11.7	16.6

完善的实验课教学是培养学生动手、思维、设计和观察等各种能力非常有效的途径，对于学生综合素质的提高具有举足轻重的作用。表 2.26 中所列出的不同类型高中学生自己动手做实验情况的差异性再一次说明了城乡在高等教育之前的教育的差异性。实际上，县镇地区高中的实验条件非常差，许多县镇高中基本上没有像样的实验教学设备。

这些硬件设备上的差异性，不但影响到就读不同类型高中学生的学习成绩，而且还直接影响到他们各自的高考分数，从而会影响到他们接受高等教育的机会。同时，这种差异性还将影响到学生的综合素养，比如对新事物、新现象和新问题的认知与接受能力等方面。现在正在推行的高校招生制度改革，比如高校自主招生等，从理性的角度来看，有利于我国更好地选拔人才。但是，由于在短期内不可能改变的城乡之间教育差异性的存在，会导致这些改革措施在一定程度上损害处于教育弱势地位的年轻人获得优质高等教育的机会。在现有招生规模和现行的以考试成绩为选拔标准的高考录取情况下，如果依靠死记硬背实验过程或结果，来弥补因实验设备欠缺，学生还能够根据长期积累的考试经验应付入学考试，那么在诸如面试、侧重创新能力等新的入学评价标准模式下，他们能否被录取，结果将是很明显的。近几年香港一些大学在大陆招生名额分配上就突出了这一点，他们把招生名额大部分投放在经济发达地区，所给出的理由就是这些地区的学生，除了高考分数高以外，还在动手、语言表达、相互沟通等方面表现出更高的素养。香港高校在内地的招生可以看作是高素质人才之间的竞争，如果大陆的高等教育机构也秉承这种方式，在一定程度上可认为是很不适宜的。我国现行的高考制度对于选拔精英人才是大有裨益的，但是，应该认识到高考制度改革的同时，要考虑到家庭背景较差的学生在高考中的弱势地位，力争为他们也提供公平的参与竞争的机会。同时，也应该考虑到高等教育改革在顾及精英教育的同时，更应该把努力方向投放在更多的人能够接受高等教育上面去，使更多的适龄青年有机会接受高等教育。在后面的第三章第三节我们将要对高校招生制度对弱势群体高等教育入学机会的影响进行详细探讨。

（2）学生自主学习和研究状况

自主学习是学生在学习过程中除了教师课堂教学、课外辅导外的另一个获取知识的重要途径。在这里所说的自主学习是指学生日常借助计算机、网络资源及其他的知识媒介而开展的学习活动，有别于学生自习。在这方面，表 2. 27 中给出的统计数据又一次体现出了鲜明的城乡差别，这种城乡差别在很大程度上是由学校的实力所决定的。我们在收集资料的过程中发现，在城市，计算机和网络这些现代信息技术的应用已经成了人们日常生活的重要组成部分，各学校大都建立有自己的学习网站，网站中加载有丰富的学习资源。这些资源在日常的教学过程中能够得到充分利用，极大地丰富和充实了学生的学习资源；而在县镇，很多学校连教师都很少使用电脑和网络，况且这些地方的网络基础设施建设水平也处于欠发展状态，再加上教师自身水平和学校财力等因素的限制，决定了在信息化技术运用方面，城乡之间的差距在拉大。这就会导致这样一种结果，尽管大家都在进步，但是领先者进步更大，则领先者与落后者之间的相对差距实际上在继续拉大。所以，让在接受高等教育之前就已经拉开差距的群体在同一个高考平台上进行竞争，其结果是可想而知的。缩短这种已存在的差距，不是采取简单的措施就可以解决的，需要通过系统工程，综合考虑各方面的因素来解决。

学生是否具备独立思考和处理问题的能力是体现其能力高低的一个重要指标。高中学生在学期间进行自主研究活动，对培养他们开展对新事物研究方面的意识和能力都大有裨益。通过表 2. 27 中所给出的不同类型高中学生自主研究情况的数据统计，可以看出，在县镇普通高中和重点高中，从来不进行自主研究的学生有五分之一多；而在城市高中，经常参加自主研究的较多，城市重点高中的参与人数则更多。自主学习意识和能力的培养，是与学生所在学校的师资和其他教学软硬件条件分不开的。如果不具备这些基本条件，那么有别于传统学习方式的自主研究学习是无法在日常教学过程中得到执行的。该项调查的结果又一次说明了学校的条件对于人才的培养所起到的作用。然而，好的办学条件不是人人都能享受到的，不同的家庭背景，在一定程度上决定了子女所接受教育的质量，从而影响了其子女对高等教育机会的获得。

表 2. 27　不同类型高中学生进行自主学习和研究情况数据统计（%）

学生自主学习和研究情况		县镇普通高中	县镇重点高中	城市普通高中	城市重点高中
自主学习	从不	20. 6	32. 9	4. 1	2. 6
	很少	45. 1	38. 7	20. 7	15. 5
	有时	27. 0	22. 6	36. 4	35. 8
	经常	7. 4	5. 8	38. 8	46. 1
自主研究	从不	22. 9	21. 4	8. 6	6. 8
	很少	47. 8	39. 1	43. 7	40. 3
	有时	25. 4	30. 0	39. 5	38. 2
	经常	4. 0	9. 6	8. 3	14. 7

（3）课外辅导情况

课外学习是一个学生整个学习环节中重要的组成部分，表 2. 28 给出的是所调查高中教师和学生家人组织及提供的课外辅导情况统计数据。结果反映，城市高中和重点高中的学生在获得教师及家长课外学习辅导上居于优势地位。

表 2.28　不同类型高中教师和学生家长组织及提供课外辅导的情况（%）

提供课外辅导情况		县镇普通高中	县镇重点高中	城市普通高中	城市重点高中
学校教师	从不	14.9	15.6	7.7	14.1
	很少	34.2	36.7	36.0	37.0
	有时	37.6	35.5	39.2	40.1
	经常	13.4	12.2	17.1	8.9
学生家长	从不	53.2	27.1	14.0	18.7
	很少	32.0	38.3	28.1	26.4
	有时	9.4	27.6	36.5	38.3
	经常	5.4	7.1	21.3	16.6

从家长所组织和提供的课外辅导情况来看，城乡差异是很大的。在县镇，家长组织提供的课外辅导的比例很低，其原因是多方面的，其一，学生家长的文化程度较低，自己没有能力给孩子提供辅导；其二，这些家长没有经济能力为孩子请家庭教师进行辅导，同时家长也没有这方面的意识，能够供子女读书到高中已经很不容易了；城市学生大都是独生子女，他们的父母具有较好的文化素养，这使得城市家庭子女在学习方面很容易得到父母的辅导。城市家庭在经济条件上相对比较好，在城市也具有很好的课外辅导教学资源，这些也都能成为城市家庭子女获得课外辅导的重要途径。城市很多家庭能为子女请家教或为子女报各种培训班。

第五节　从选择高校和专业看不同类型高中学生升学机会的差异

高中毕业生基于自身的认识水平、职业取向和综合能力等条件来报考相应的学校和专业，他们所报考学校和专业的影响因素可反映出升学机会的差异性。王伟宜的博士论文指出，不同类型高校、不同专业中各阶层子女入学机会的差异程度有所不同，其中，总体上，公办高职院校中各阶层子女入学机会差异性最小，上层社会子女在一些就学成本较高或较热门的专业中拥有较多的机会，而下层社会子女则大多就读于一些收费较低的基础理论专业或较冷门的专业。[①] 该研究结果是通过分析收集高校在校学生的数据得出的。我们的研究本来是想通过对高中生记名调查来获得高中毕业生被高校录取的情况，进一步研究高中学生每年被高校录取学生的专业分布情况，但是，由于实际收集资料的困难，这一想法未能实现。为了能够进一步研究这个问题，我们通过问卷调查的方法，分别从学生选择高校和专业的影响因素、对大学生活的了解以及未来的职业取向等方面来进行探讨。

1. 不同类型高中学生选择高校和专业的影响因素

高中学生选择高校和专业的影响因素很多，表 2.29 给出了不同类型高中学生选择高校的影响因素调查统计数据。其中，在给出的 9 个调查选项中，分别用该选项对选择高校的重要性来定性考察其影响程度。

表 2.29 不同类型高中学生选择高校影响因素调查数据统计（%）

选择高校的影响因素		县镇普通高中	县镇重点高中	城市普通高中	城市重点高中
1. 父母家人	完全不重要	4.5	6.0	3.8	3.2
	不太重要	33.2	46.8	15.2	19.5
	重要	50.0	42.9	55.0	58.4
	非常重要	12.4	4.3	26.0	18.9

① 王伟宜：《中国不同社会阶层子女高等教育入学机会差异研究》，厦门．厦门大学博士学位论文，2006 年，第 125 页。

（续表）

选择高校的影响因素		县镇普通高中	县镇重点高中	城市普通高中	城市重点高中
2. 老师和同学	完全不重要	6.1	8.2	5.5	5.2
	不太重要	39.2	60.0	21.9	27.1
	重要	48.7	28.3	59.2	59.4
	非常重要	5.9	3.6	13.4	8.3
3. 高校的声望或排名	完全不重要	4.9	4.4	3.2	3.1
	不太重要	24.6	38.5	18.4	12.0
	重要	56.2	51.8	51.8	55.5
	非常重要	14.3	5.3	26.6	29.3
4. 离家的远近	完全不重要	15.8	20.7	11.8	20.8
	不太重要	39.4	53.4	40.0	45.3
	重要	36.0	24.3	34.7	29.2
	非常重要	8.9	1.7	13.5	4.7
5. 学费和住宿费	完全不重要	2.5	6.1	12.2	17.7
	不太重要	27.2	35.9	37.6	42.2
	重要	51.0	41.0	37.6	26.6
	非常重要	19.3	17.0	12.5	13.5
6. 学校所在地的消费水平	完全不重要	5.0	4.6	15.5	15.7
	不太重要	32.3	36.2	47.7	46.6
	重要	47.3	42.6	28.7	30.9
	非常重要	15.4	16.5	8.2	6.8
7. 就业前景	完全不重要	1.5	1.2	2.9	2.1
	不太重要	7.4	11.6	7.6	7.9
	重要	44.3	30.4	38.0	36.8
	非常重要	46.8	56.8	51.5	53.2
8. 高考分数	完全不重要	1.0	8.2	1.9	1.6
	不太重要	4.5	7.4	5.1	3.7
	重要	47.8	34.1	35.6	28.8
	非常重要	46.8	50.2	57.5	66.0
9. 为了选择这个专业（选专业不选学校）	完全不重要	7.5	3.9	9.2	6.3
	不太重要	40.0	32.2	34.9	33.5
	重要	40.0	50.4	36.7	42.4
	非常重要	12.5	13.6	19.2	17.8

对比表2.29中的数据可以看出，在给出的选项中，所调查的高中学生都对高考分数和就业前景两大选项给出了“非常重要”的意见。在我国，高考分数是决定学生能否进入高校和进入哪一层次高校的主要依据，因此它的重要性是不言而喻的；而就业前景则决定着完成大学后一个人可能从事的职业，与其未来的生活息息相关。正是基于这样的原因，使得不同类型高中学生对此两个选项给出了相近的意见。在其他选项中，所给出的选择则有所差别，这可以从不同高中学生各自的生活背景分析其原因。

对表2.29进行pearson相关性分析，得到如表2.30的结果。从相关分析结果可以看出，不同类型高中学生选择高校影响因素之间都有明显的相关性。也就意味着，在选择高校的影响因素方面，不同的高中学生之间，在本质上没有明显的不同。其中存在的差异也只是量的不同，相关系数大小为：城市重点、城市普通高中（0.983）>县镇重点高中、县镇普通高中（0.876）>城市普通高中、县镇普通高中（0.854）>城市重点高中、县镇普通高中（0.846）>城市重点高中、县镇重点高中（0.692）>城市普通高中、县镇普通高中（0.688）。也就是说，城市重点高中与城市普通高中学生在选择高校方面的差异性最小，县镇重点高中与县镇普通高中之间差异性较小，城市高中与县镇高中之间的差异性相对较大。

表2.30　不同类型高中学生选择高校影响因素的相关性分析

		县镇普通高中	县镇重点高中	城市普通高中	城市重点高中
县镇普通高中	Pearson Correlation Sig.（2 – tailed）N				
县镇重点高中	Pearson Correlation Sig.（2 – tailed）N	.876（＊＊） .000 32			

（续表）

		县镇 普通高中	县镇 重点高中	城市 普通高中	城市 重点高中
城市 普通高中	Pearson Correlation Sig. (2－tailed) N	.854 (＊＊) .000 32	.688 (＊＊) .000 32		
城市 重点高中	Pearson Correlation Sig. (2－tailed) N	.846 (＊＊) .000 32	.692 (＊＊) .000 32	.983 (＊＊) .000 32	

＊＊Correlation is significant at the 0.01 level (2－tailed).

我们先看表中给出的前3个选项，并对其中的数据进行相关性分析，结果如表2.31所示。从表2.31中可以看出，县镇重点高中与城市的两所高中之间存在明显的差异。也就是说，在对前3个选项的选择上，县镇重点高中明显表现出自己的特征。

表2.31　对表2.29前3个选项的相关性分析

		县镇 普通高中	县镇 重点高中	城市 普通高中	城市 重点高中
县镇 普通高中	Pearson Correlation Sig. (2－tailed) N				
县镇 重点高中	Pearson Correlation Sig. (2－tailed) N	.842 (＊＊) .000 12			
城市 普通高中	Pearson Correlation Sig. (2－tailed) N	.860 (＊＊) .000 12	.485 .110 12		
城市 重点高中	Pearson Correlation Sig. (2－tailed) N	.902 (＊＊) .000 12	.559 .059 12	.982 (＊＊) .000 12	

＊＊Correlation is significant at the 0.01 level (2－tailed).

其中，从父母家人因素对选择高校的影响调查数据中可以看出，父母和家人对城市高中学生报考高校的影响程度比县镇学生大。而县镇重点高中学生对“不太重要”的回答占有46.8%的比例。由此可以看出，在选择未来就读高校的问题上，县镇重点高中学生具有更大的自主性。在老师和同学影响以及高校的声望或排名的调查结果中，也可以得到与父母家人影响相似的结论，这些都说明了就读于县镇高中特别是重点高中的学生，在关系到自己未来前途的选择上的自主意识。穷人的孩子早当家，可以很好地诠释这一调查结果。这同时也反映出，由于县镇学生的父母在文化程度、信息获得渠道等方面的弱势地位，使得他们对子女高考的选择作用是很有限的。这几个选项中得到的结果与前面的调查结果具有一致性，可进一步表明来自于不同家庭背景的学生在所接受的高中教育、最后的高考选择以及价值观取向上的差异性。

在表2.29中给出的是就读高校学费和住宿费以及学校所在地的消费两个选项，侧重于考察经济因素的影响，对表中数据进行相关性分析如表2.32所示。从相关性分析结果可以看出，各高中之间并没有质的差异，但从相关系数的大小上，可以看出两所城市高中之间非常类似，相关系数为0.959，同样两所县镇高中之间的也非常类似，相关系数为0.928，而城市与县镇之间的各高中差异性相对较大（相关系数相对较小）。城市家庭学生父母在经济方面的优势，决定了教育消费不是影响其子女接受高等教育的制约因素。比如，在两个调查项目中，选择完全不重要的学生比例，城市高中都比县镇高中高10多个百分点，而重要和非常重要选项上，县镇高中却比城市高中高。国家已出台了在大学设立奖学金、免除学费等措施来缓解部分学生因家庭经济困难而不能上大学的问题，但这要求国家和地方投入巨大的财力。这些数据说明，对家庭经济状况比较差的学生来说，他们不但要考虑能否考上大学，而且还要考虑上了大学后能否担负得起学费和生活费。

表 2.32　对表 2.29 中学费、住宿费、学校所在地消费在不同高中之间的相关性分析

		县镇 普通高中	县镇 重点高中	城市 普通高中	城市 重点高中
县镇 普通高中	Pearson Correlation Sig.（2 - tailed）N				
县镇 重点高中	Pearson Correlation Sig.（2 - tailed）N	.928（* *） .000 12			
城市 普通高中	Pearson Correlation Sig.（2 - tailed）N	.797（* *） .002 12	.772（* *） .003 12		
城市 重点高中	Pearson Correlation Sig.（2 - tailed）N	.688（*） .013 12	.667（*） .018 12	.959（* *） .000 12	

* * Correlation is significant at the 0.01 level (2 - tailed).

* Correlation is significant at the 0.05 level (2 - tailed).

表 2.33　不同类型高中学生选择高校就学专业影响因素调查数据统计（%）

选择专业的影响因素		县镇普通高中	县镇重点高中	城市普通高中	城市重点高中
1. 父母朋友	完全不重要	7.9	4.1	4.7	3.2
	不太重要	27.6	47.2	20.9	26.3
	重要	53.2	44.8	49.1	51.6
	非常重要	11.3	3.9	25.3	18.9
2. 老师和同学	完全不重要	7.9	7.3	6.5	5.8
	不太重要	35.5	54.1	24.7	28.4
	重要	49.3	34.7	55.6	53.7
	非常重要	7.4	3.9	13.2	12.1
3. 兴趣志向	完全不重要	1.0	2.9	1.8	2.6
	不太重要	24.5	13.8	5.6	4.8
	重要	44.1	55.7	33.5	34.4
	非常重要	30.5	27.6	59.1	58.2

（续表）

选择专业的影响因素		县镇普通高中	县镇重点高中	城市普通高中	城市重点高中
4. 为了进这所学校（选学校不选专业）	完全不重要	16.8	7.8	9.5	6.8
	不太重要	49.5	55.4	42.3	38.4
	重要	25.2	32.2	35.7	41.6
	非常重要	8.4	4.6	12.5	13.2
5. 学校排名和影响	完全不重要	5.4	2.9	6.2	2.1
	不太重要	27.1	35.6	22.7	14.9
	重要	52.7	45.1	44.0	54.3
	非常重要	14.8	16.3	27.1	28.7
6. 学费	完全不重要	2.0	2.9	10.0	14.2
	不太重要	24.6	29.8	36.3	35.8
	重要	50.7	48.8	36.9	35.3
	非常重要	22.7	18.5	16.8	14.7
7. 就业前景	完全不重要	1.0	1.2	2.1	2.6
	不太重要	5.9	13.6	5.6	7.4
	重要	41.4	57.7	38.9	36.3
	非常重要	51.7	27.5	53.4	53.7
8. 高考分数	完全不重要	1.5	1.2	3.2	1.6
	不太重要	5.0	13.6	7.6	5.3
	重要	50.5	55.7	34.1	33.9
	非常重要	43.1	29.5	55.0	59.3

表2.33给出不同类型高中学生选择专业影响因素的调查统计数据。对比两个表格可以看出，与选择高校时使用的相同选项，可以得到相似的结果，甚至在“为了选择这个专业（选专业不选学校）”和“为了进这所学校（选学校不选专业）”这两个选项中，都能够得到类似的调查结果，充分表明不同类型高中学生在选择高校和专业时所考虑到的因素是相同的。也就是说，从整体上来看，高中学生在涉及就读高校时，将会把高校和专业综合考虑起来填报志愿。

在表 2.33 中的兴趣志向是调查影响专业选择时所给出的选项。从得到的结果可以看出，在决定就读高校的某个专业时，城市高中的学生更在意自己的兴趣志向，依然表现出了在决定高等教育机会这一问题上所处于的优势地位。

2. 不同类型高中学生选择高校和专业的最大影响因素

上面是从宽视角来考证各可能因素对在校高中生选择高校的影响程度。通过分析可知，不同类型高中学生之间存在着一定的差异。为了进一步考察问题，把“自己的兴趣和志向”、“上大学花费”、“未来职业前景”和“获得读大学机会”四个选项专门成题，进行对比调查，以此分析来自于不同类型高中学生在选择高校和专业过程中最大影响因素的差异性，统计数据由表 2.34 给出。可以看出，作为意向性调查，“自己的兴趣和志向”以及“未来的职业前景”在四个选项中受到了特别的重视。而在外人想当然认为应该受到特别关注的选项，比如县镇学生对上大学花费的重视程度则仅比城市学生高了少许，而“获得读大学机会”这一选项，则是城市高中学生比县镇同级别学校学生比例更高。通常人们认为，在接受高等教育上，欠发达地区的子女更加重视经济因素的影响作用，因为我国城乡之间在消费水平上的差异必须引起重视，现在就读高校的花费甚至对一些城市普通家庭都难以承受。而对于出现以上农村学生对“上大学的花费”不受到重视的原因，可以解释为，第一，他们对自己的家庭经济情况不是真正了解；第二，从这个侧面也可以看出，他们坚信接受高等教育，能够摆脱贫困。所以，尽管他们的家庭经济条件十分困难，也不放弃对接受高等教育的追求。至于城市学生更注重“获得读大学机会”的调查结果，主要是与他们在高中毕业后大部分都能够进入大学有关。他们的愿望已经不仅仅是能够获得读大学的机会，而是要读好大学，甚至有一部分学生要到国外去读大学。

表 2.34 不同类型高中学生选择高校和专业时最大影响因素调查统计数据（%）

影响因素	县镇普通高中	县镇重点高中	城市普通高中	城市重点高中
自己的兴趣和志向	30.5	47.7	33.9	34.4
上大学的花费	9.9	3.1	2.6	2.1
未来的职业前景	46.3	37.5	43.6	51.6
获得读大学的机会	13.3	11.6	19.9	12.0

表 2.35 给出的不同类型高中学生对未来大学生活了解情况的调查统计数据表明，城市高中学生由于自己所在学校和家庭背景所具有的优势地位，他们对未来大学生活有较多的了解，但在整体上，他们与县镇高中学生一样，依然处于对大学生活不是完全了解的状况。根据该调查结果，我们认为，整体上高中学生对大学生活还是缺乏了解的。在这种情况下，他们比较盲目地进入大学，不可避免地会对他们就读大学后的学习、生活等产生影响。同时，根据这种情况也可以理解，高中学生在选择就读的高校和专业时，更多地是靠感性来做决定，尤其是对那些缺乏必要的家庭、朋友和学校引导的学生来说更是如此。这提示高校管理者，在大学中建立合适的专业调整机制，让大学生有机会根据自己的需要对专业做必要的调整，将对在校大学生的心理健康和未来职业成就大有裨益。

表 2.35 不同类型高中学生对未来大学生活了解情况的调查数据统计（%）

对大学的了解程度	县镇普通高中	县镇重点高中	城市普通高中	城市重点高中
很了解	4.0	6.6	8.8	5.7
了解一些	68.2	68.3	74.3	77.6
了解很少	27.9	25.1	17.0	16.7

本章小结

通过本章的分析，我们可以知道，学生所处的家庭背景不同，所就读的高中类型也是不同的。而不同类型高中在办学条件、生源质量的差异最终导致学生升学选择的差异。重点高中的学生升入高校的机会要明显地高于非重点高中。所以说，高等教育入学机会的差异在高中阶段已经产生，这种差异性产生的一个重要原因就是家庭背景的差异。本章所得出的主要结论有：

第一，学生所就读的高中类型与其升入的高校之间有显著的相关性。不同类型高中学生在高等教育机会的选择上存在很大差异。重点高中学生的升学机会要大于非重点高中，这种差异体现在重点高中学生无论是在总体升学率上还是升入重点高校的比例上都远远高于非重点高中的学生。而城市高中和县镇高中相比，城市高中学生在高考选择上处于明显的优势地位，尤其是城市重点高中学生的升学选择比其他高中学生的升学选择的机会要大很多。对于城市重点高中来说，他们所追求的已不是升入高校的学生有多少，而是升入重点高校的学生有多少。通过对重点高中和非重点高中，以及城市高中和县镇高中的对比，发现，城乡高中学生升学机会之间的差距要大于位于同一地域的重点高中与非重点高中学生升学机会的差异性。简言之，升学机会最大的差异存在于城乡之间，农村学生在接受高等教育机会方面要远远低于城市学生。

第二，不同类型高中学生之所以在高等教育入学机会方面存在如此大的差异，是与他们的家庭背景以及他们所接受的高中教育密切相关的。对于同一个地域的高中来说，重点高中的学生家长的文化程度、家长的职业以及家庭经济条件方面都要优于非重点高中的学生。说明家庭背景好的学生在选择重点高中的机会上占有优势地位，从而决定了其在高考选择上的优势地位。就城乡来对比而言，城市高中和县镇高中学生的家庭背景差异更大，城市学生无论是重点中学还是非重点中学的，其家庭背景都会比县镇高中的好。也就是说，在家庭背景方面，不同类型高中学生之间存在显著差异，这种差异不仅表现在重点高中和非重点高中之间，更多则体现在城乡之间。

第三，不同类型高中在办学的软件和硬件方面都存在差距，同时学生的感受也存在差距。重点高中和非重点高中，城市高中和县镇高中之间都是不同的，而差距最大的也是存在于城乡之间。重点高中尤其是城市重点高中在师资力量、学习氛围、学生获取课外知识的途径等方面都要优于非重点高中。

第四，不同类型高中学生的家庭背景、学校办学条件等方面的差异性决定了他们在高考竞争中的差异性。这种差异性不仅体现在重点高中和非重点高中之间，更多地是体现在城市高中和县镇高中之间。所以说，高等教育入学机会的差异性，其实在高中阶段甚至在之前的阶段已经很明显地显现出来。

第五，城市的高中，男女生性别差异性已表现为女生处于优势地位，而在县镇高中里基本实现了教育机会的男女平等。

第六，城市高中独生子女占了绝大多数，而县镇高中独生子女则很少。由于近年来教育成本的快速攀升，县镇家庭中的多子女问题必将对其对子女接受优质教育产生消极影响；县镇高中，优势阶层更容易获得优质的教育资源；从与周围人群的对比中，县镇高中有更多处于困难状况的家庭，考虑到我国高等教育机构的分布现状，经济因素将成为影响高中学生未来就读高等学校的重要影响因素。

第三章　影响高等教育入学机会的宏观因素分析

通过以上对不同类型高中学生的升学状况以及他们的家庭背景、学校办学条件等方面的调查与分析，可以看出，学生家庭所处的区域以及父母的文化程度、职业以及家庭经济状况的差异，导致了他们所就读高中类型的差异。家庭背景处于优势地位的子女不仅有更多接受高中教育的机会，而且还有更多机会享受优质的高中教育资源，而处于弱势地位的家庭子女在接受高中教育方面则处于明显的弱势地位。这在很大程度上导致了他们在接受高等教育机会方面的差异性。所以说，家庭背景不同的群体在高中阶段已经拉开了差距，那么这些群体要在同一个高考平台上进行竞争，其升学机会方面的差距是可想而知的。

由于家庭背景不同而造成学生高等教育入学机会的差异性，在国外也是同样存在的。卢卡斯（Lucas）2001 年提出的“有效地维持不平等”理论（Effectively Maintained Inequality，简称“EMI”）认为，社会经济处于优势地位的成员无论在何时何处都会确保他们自身和子女教育机会的优势。如果教育机会在数量上的差异是明显的，那么优势阶层将获取数量上的优势。如果教育机会在质量上的差异是明显的，那么优势阶层将获取质量上的优势；只要某个特定的教育程度还没有普及，处于经济社会优势的阶层将使用各种资源来确保获得该程度的教育；一旦该层次教育变得普及了，他们将使用他们的能力确保数量类似但质量更好的教育。① 该理论是在考虑到了学校内部存在质量和类型差异的情况下，对家庭社会经济背景与教育机会深层次之间关系的揭示。

但是，在家庭背景对一个人升学选择具有重要影响的情况下，作为教育系统本身则应该采取一些补偿措施，来尽量缩小由于家庭背景的差异而造成学生入学机会之间的差异。只有这样才能在一定程度上达到实现教育公平的目的。

“事实上，世界各国社会经济地位处于劣势的阶层，在教育机会方面都不同程度地处于劣势。要实现严格意义上的机会均等，无论在发达国家还是在发展中国家都仍是一种近乎乌托邦式的理想，但对机会均等的不懈追求永远是各国政策制定者所不应轻视的。如果机会均等的理念受到不应有的践踏，家庭经济背景成为一个人能否进入高等教育的决定因素，由此产生的不良社会影响将是深刻和长远的”。② “教育机会均等的原则主要是为了改变处于不利地位的社会阶层的教育状况，它意味着任何自然的、经济的、社会的或文化方面的低下状况，都应尽可能从教育制度本身得到补偿。”③

所以说，为了提高弱势群体子女接受高等教育的机会，更应该采取有利的措施加以补偿，正如马丁·特罗所指出的：“人们必须通过补偿性计划和引进其他非学术标准来减少丧失了受良好教育权利的社会群体和阶层的入学机会‘不平等’。对文化处境不利的儿童必

① Lucas, “Effectively Maintained Inequality: Education Transitions, Trace Mobility, and Social Background Effects,” *American Journal of Sociology*, 106 (6, 2001), PP. 1642 - 1690.

② 丁小浩：《规模扩大与高等教育入学机会均等化》，载《北京大学教育评论》2006 年第 4 期，第 24 - 34 页。

③ 靳淑梅：《教育公平视角下美国多元文化教育研究》，长春. 东北师范大学博士学位论文，2009 年版，第 29 页。

须给予补偿教育，以消除不同阶层儿童入学机会的不平等”。① 教育公平中“教育资源的补偿原则关注受教育者的社会经济地位的差距，并对社会经济地位处境不利的受教育者在教育资源配置上予以补偿”。②

我们国家对教育公平的追求一直进行着不懈的努力，出台了一系列措施来力图缩小各个阶层入学机会的差异性，促进教育的公平，其成绩是显著的。但是，我国不同家庭背景的学生在高等教育入学机会上还存在很大的差异。第二章我们从家庭背景这一微观层面上分析了不同类型高中学生高等教育入学机会差异性的原因。本章我们将从宏观上来探讨学校教育系统对不同家庭背景学生升学选择的影响作用，目的是厘清以下问题，即我们的学校教育是否对社会经济地位处境不利的受教育者予以补偿，教育资源配置上是否关注到了受教育者的社会经济地位的差距？等等。通过讨论，期望能够从学校教育层面来进一步缩小由于家庭背景的差异而造成的学生高等教育入学机会的差异。

第一节　基础教育阶段的重点学校制度

“教育公平是教育制度的公正性与合理性的统一。所谓教育制度的公正性，是指一种教育制度有利于所有人；所谓教育制度的合理性是指一种教育制度有利于社会发展的整体利益”。③ “实际上教育

① 马丁·特罗：《从精英向大众高等教育转变中的问题》，载《外国高等教育资料》1999 年第 1 期，第 1－22 页。

② 褚宏启、杨海燕：《教育公平的原则及其政策含义》，载《教育研究》2008 年第 1 期，第 10－16 页。

③ 马和民：《新编教育社会学》，上海．华东师范大学出版社，2002 年版，第 337 页。

系统内部分层后机会均等程度与一个国家的教育体制密切相关”。①所以说，为了建立和谐发展的社会，提高弱势群体接受教育的机会，尽可能缩小弱势群体和强势群体在受教育机会方面的差异，实现教育公平，就必须从教育体制上来分析造成差异的深层次原因，并寻求解决的途径。其中重点学校制度是我国教育制度中的一项很重要的内容。

学校选拔决定社会流动，因而被称为现代社会的筛选器。学校选拔的结果是不同的人进入不同级别的学校，接受不同的教育，最终导致不同的的结果。一个人如果能进入优质的高中学习，在精英教育时代往往预示着他将有更多机会接受高等教育，在大众化阶段则预示着他不仅有更多机会接受高等教育，而且有更多的机会享受更加优质的高等教育。家庭背景对一个人接受教育产生重要影响，而我国学校系统内部严格的等级制度，无疑会使因家庭出身不同而造成的入学机会差异性变得更加悬殊。

在第二章第一节中，我们通过对四所高中学生所升入高校的情况对比发现，重点高中的学生无论是在总体升学率上，还是在升入重点大学和一般本科院校的比例上，都明显地优于非重点高中，表明了重点学校的学生在高考选择上具有显著的优势地位。也说明了我国的重点学校制度对高等教育入学机会有着重要的影响。这一部分，将对我国的重点学校制度及其对高等教育入学机会的影响进行详细阐述。

一、基础教育阶段重点学校制度的形成与发展

20 世纪 70 年代末期，我国开始了一场教育改革。当时，我国的

① 丁小浩：《规模扩大与高等教育入学机会均等化》，载《北京大学教育评论》2006 年第 4 期，第 24 – 34 页。

经济基础很薄弱，教育还处于精英阶段，国家要进行社会主义现代化建设，急需培养各种各样的人才。因此，重点学校制度得以产生和发展。邓小平在1977年5月24日与中央两位同志谈话时说："办教育要两条腿走路，既注意普及，又注意提高。要办重点学校、重点中学、重点大学。要经过严格考试，把最优秀的人集中在重点中学和大学"。① 实行重点学校制度，对于培养社会主义现代化建设人才，实现工业化的目标起到了很重要的作用，但是，随着经济社会和教育的不断发展以及高等教育大众化的到来，人们对办优质学校、办优质教育的要求也不断提高，重点学校制度在实施过程中所具有的弊端也日益暴露出来，并越来越受到人们的抨击。20世纪90年代中期，教育部即已决定取消义务教育阶段的重点学校，而且还提出在全国重点建设1000所左右示范性高中，标志着重点学校制度已经结束。然而时至今日，在基础教育阶段虽然重点学校和非重点学校的概念已经有所淡化，但是重点学校依然存在。经济社会条件好的家庭依然可以通过各种方式，为子女选择重点学校。在重点学校里，有相当一部分学生是向学校赞助十多万元的择校生；在重点学校门口，每天都能看到接送小孩的高级小轿车；很多家长为了能为小孩争取到一个优质学位，想办法在学校附近买房子，落户口。据报道，昆明市的一座公厕的门牌号居然落了24个人的户口，这是因为公厕建在一座优质小学的旁边，人们为了给小孩办到一个户口，以入读该优质小学才这样做的，现在很多空房或是一房多户，目的就是为了让孩子上学，家长们不顾交通堵塞的压力，也要送小孩去优质学校读书。②

① 邓小平：《尊重知识，尊重人才》，载《邓小平文选》（第二卷），北京．人民出版社，1994年版，第102页。

② 《昆明优质小学旁公厕落有24个户口引发忧虑》，［2007－10－26］. http://www.sina.com.cn.

二、重点学校的优势

人们不惜一切代价竞相争夺重点学校的学位，是因为重点学校拥有优越的社会地位和优质的教育资源。与非重点学校相比，重点学校在硬件和软件方面都有明显的优势。

1. 学校的硬件方面

硬件条件对学生学习的重要性是众所周知的，它是软件发挥作用的基础和保证。重点学校的特征之一就是办学硬件条件在同类学校中处于先进水平，包括教学设备、教学场地、图书资料、实验设备等。教学设备先进涉及教室安装多媒体教学设备，配备有一定数量的计算机供办公及学生使用，并能够进行网络辅助教学；在教学场地、体育设施和活动场地上，重点学校都有充足的用于课堂教学、实验和课外活动的场地；在图书资料和实验设备等其他教学及教辅设施上，重点学校的配置也可以充分满足日常教学、学生课外学习和兴趣培养等需求。而对于非重点学校，尤其是农村学校的学生来说，现代化的校舍、教学设备、多媒体教学和电脑等，是可望而不可及的。他们只能在想象中或者是在文学作品或影视作品中才能看到。毫无疑问，硬件设施对于开发学生的智力、开阔视野和提高学习效率等都有极大的帮助。从这个意义上来讲，重点学校和非重点学校，城市学校和农村以及县镇学校之间的差距已经拉开，由于城乡之间在经济社会发展水平上的差距，在硬件设备上，城乡之间的差距是最大的。

2. 学校的软件方面

(1) 师资力量方面

一所学校师资队伍的质量和数量，对其教育教学质量以及学生的健康发展起着非常重要的作用。当学生进入幼儿园和各级学校学习后，他们所接触的教师的业务水平和敬业精神，往往成为影响他们未来学习效果的决定因素之一。重点学校由于在教学资源获得和支配方面所具有的优势地位，它们不但能招收到综合业务素质好的教师，还能从弱势学校引进有教学特长和经验的骨干教师。这就造成了在教师整体素质上，重点学校与普通学校相比处于绝对优势地位。在第二章第四节中，从我们对不同类型高中教师教学情况和学生学习方式的差异情况的调查结果可以看出，城市高中，尤其是城市重点高中的教师在教学过程中已经把多媒体的使用作为重要的教学手段。而农村高中教师则很少使用多媒体。在教学过程中，城市重点高中的教师则能够较多地运用研究、激励和互动等教学方式。这些都表明了重点学校的教师具有较强的对教育艺术的掌握和运用能力，以及对本学科知识和其他学科知识的娴熟地驾驭能力。这从一个侧面反映了重点学校教师较高的素质和较强的能力。同时，由于重点学校的教师队伍的整体素质较高，所以他们在教学研究等方面的能力也会更强。在教师队伍的质量上显示出了非重点学校不能比拟的优势。在这种情况下，重点学校和非重点学校的发展前景应是不言自明的。

（2）生源方面

重点学校不仅在自身的教学资源方面处于优势地位，而且学校的生源素质也是很高的。有学者对南京市和赤峰市的不同类型高中学生生源进行了对比，分别如表3.1和表3.2所示。

表3.1　不同类型中学学生所处的社会阶层

	权力阶层	知识阶层	经济阶层	劳动阶层	边缘阶层
重点学校	22.8	22.8	24.6	29.8	0
职业学校	3.1	6.3	6.3	56.3	28.1

资料来源：张胤，唐晓娟．对社会分层与教育分层若干问题的研究［J］．教育探索2000（3）：31－32

表 3.1 给出的是一所重点中学和一所职业中学学生的家庭背景情况。可以看出，两所学校学生的来源是迥然不同的。在重点中学中，知识阶层、经济阶层和权力阶层的学生占有 70% 以上的比重，而边缘阶层的学习者则无一人。相反，职业学校学生的阶层结构有很大的不同，劳动阶层和边缘阶层的学生占了 80% 以上，而其他高阶层的学生则寥寥无几。表 3.2 的数据也同样表明家庭背景处于优势地位的学生选择重点学校的机会更多。这与第二章第三节中表 2.12、2.14 所给出的有关调查数据基本相同。表明了重点学校一般都集中着家庭背景好的学生。

表 3.2　赤峰市不同类型高中学生父亲职业的分布情况

父亲职业	城市示范校	城市普通校	农村示范校	农村普通校
高、中层管理、技术人员	44.2	8.0	18.8	4.4
职员、办事员、私企、其他	25.5	15.2	25.9	13.1
个体经营者	15.2	34.3	15.6	6.6
工人	13.1	19.2	9.4	13.2
农民、农民工、农村干部	0	6.1	28.2	62.7
下岗、失业、家务	2.0	17.2	2.1	3.3
合计	100.0	100.0	100.0	100.0

资料来源：杨东平．中国教育公平的理想与现实［M］．北京：北京大学出版社，2006. 178

重点学校招收的学生是来自于阶层较高的家庭，这些学生有着良好的家庭教育，反过来又对学校教育起到了促进作用。我们通过调查知道，一所重点小学一年级的学生在第一学期上音乐课时，相当部分学生已可以至少使用一种乐器进行演奏了，比如钢琴、电子琴、小提琴等等，这也只是这些学生在音乐方面所接受的早期教育，其他方面的教育也是同样的。这么多高素质的学生在一起生活和学习，必将给学生带来更强的竞争意识，使学生有更好的学习环境和氛围，这对学习和其他方面能力的培养起着很好的推动作用。我们在第二章第四节所论述的有关不同类型高中学生学习方面的差异性问题，有力地证明了重点学校学生在学习氛围和学习能力等方面所具有的显著的优势地位。

3. 重点学校学生的升学机会

重点学校优秀的生源和优质的教育资源，必然导致其在获取升学机会方面的优势地位。在第二章的第一节中，我们通过对不同类型高中学生升入高校情况的对比发现，重点高中，尤其是城市重点高中的学生升入高校的机会要远远大于非重点高中和县镇高中的学生。城市重点高中的学生在升入重点大学的机会上占有绝对优势，与同是重点的县镇高中相比，城市重点高中学生升入重点大学的比例是县镇重点高中的9.13倍。所以，对于城市重点高中来说，他们所追求的目标不仅仅是有多少学生能被高校录取，而是有多少学生能被重点大学录取。

为了进一步说明这个问题，我们从高考状元所就读高中类型来说明不同类型高中与学生接受高等教育机会的相关性。高考状元虽然只是众多考生中的一些个案，但是毕竟是高考中的佼佼者，所以在一定程度上，高考状元所就读的中学分布也能说明一些问题。中国校友会大学评价课题组对1999～2006年中国高考状元的调查发现，培养高考状元的中学多为历史悠久的“国字号”、“省字号”重点中学，师范院校的附属中学表现出色；这些中学多位于各省区的首府所在地或大中城市，且多为各省区重点投入的中学，总体资源处于绝对优势。①

① 中国校友会大学评价课题组：《1999～2006年中国高考状元的调查报告》，http://www.cuaa.net.

三、重点学校的地理分布

上面我们分析了，重点学校在硬件设施和软件环境上都处于优势地位，学生在重点学校就读也意味着能享受到更加优质的教育资源，重点学校和非重点学校之间的差距是显著的。而重点学校地理分布的不均衡在一定程度上也影响着学生能否接受优质教育。接下来，我们对重点学校的分布状况进行分析。

我国重点学校的分布是十分不均衡的。就一个城区来看，重点学校比较集中在中心地带。以昆明为例，目前昆明主城核心区一共有各类中小学 234 所，占主城区学校总数 359 所的 65%，在校生 21.7 万人，占主城学生总数的 77.2%。另外，大部分优质学校也集中分布在核心区内。主城区 16 所一级初中就有 15 所地处核心区，这些优质教育资源的扎堆，导致大约 5 万名人户分离的中小学生回流进入核心区上学，形成一股难以缓解的交通压力。①

就一个省份而言，重点学校一般分布在城市，农村则很少。我们以广东的高中分布情况来进行说明，表 3.3 给出了广东省 2006 年发达地区与不发达地区一级高中的分布情况。从表中数据可以看出，广东省一级高中有 63.5% 分布在经济发达地区，而欠发达地区只有 36.5%，前者是后者的 1.74 倍，表现出了明显的区域和城乡差异。与表 3.4 中广东省 2006 年人口的地区分布相比较，经济发达地区的珠江三角洲的人口占全省人口的 49.8%，而东西两翼和北部山区的人口则占了 50.2%，前者只是后者的 0.99 倍，高中分布与人口的分布差距为 1.76 倍。表明经济发达地区的人口选择优质高中的机会要大大高于欠发达地区。而且在占全省人口 49.8% 的珠三角地区却集中了全省的 62.8% 的城镇人口，也就是说广东省的大部分城镇人口

① 《昆明优质小学旁公厕落有 24 个户口引发忧虑》，［2007－10－26］. http://www.sina.com.cn.

分布在珠三角经济发达地区，所以，在广东城镇人口比农村人口接受优质高中教育资源的机会大得多。

表 3.3　2006 年广东省发达地区与不发达地区省一级普通高中的分布情况

普通高中总数（所）	其中：省一级高中（所）			省一级高中占全省普通高中比例（%）		
	合计	发达地区（所，所占比例）	欠发达地区（所，所占比例）	全省	发达地区	欠发达地区
1005	554	352，63.5%	202，36.5%	55.12	35.02	20.10

资料来源：广东省教育考试院

注：发达地区指珠三角地区，欠发达地区指珠三角以外的 14 个地级市。

表 3.4　广东省 2006 年人口的区域分布

	珠江三角洲九市占全省的比重（%）	东翼占全省比重（%）	西翼占全省的比重（%）	山区占全省的比重（%）
年末常驻人口	49.8	17.1	16.1	17.0
城镇人口	62.8	15.5	10.0	11.6

广东统计局编．广东统计年鉴 2007. 中国统计出版社，2007. 556

在前面提到，培养高考状元的中学多位于各省区的首府所在地或大中城市，且多为各省区重点投入的中学。所以说，重点学校分布的大城市倾向是十分明显的。比如，广州市，2007 年底，公办普通高中省、市一级优质学校提供的优质学位占普通高中学位总数的 86.46%，其中示范性普通高中占 42%，国家级和省级重点中等职业学校提供的优质学位占中等职业学校学位总数的 68%，① 省、市一级学校普通高中在校生占全市普通高中在校生的 85.72%（优质学位）。从全市学生接受教育的情况看，适龄儿童入学率达 100%，初

① 《穗明年将增 5 所示范性高中》，2007 年 12 月 11 日《南方日报》，第 C02 版。

中毕业生升学率90.30%，普通高中毕业生升大学率82.24%。[①] 由于重点学校分布的城市化倾向，使得城市学生能够有更多的接受优质教育的机会，是农村学生所望尘莫及的。我们在第二章中调查研究结果，城市重点高中学生无论是总体升学率上，还是升入重点高校的学生比例上都远远高于农村高中的学生，充分说明了重点学校制度所造成的城乡学生在接受高等教育机会方面的差异性。

从重点学校的分布上体现出了明显的城乡和区域差异，这也就意味着在优质教育资源的接受方面城乡学生存在很大的差异，城市学生总体上享受着优质的教育资源，而农村学生则与城市学生存在着巨大的差距。这种教育资源分布的不均衡导致了学生所接受基础教育的差距，从而导致了学生接受高等教育机会的差距。由于教育资源分布存在的不平衡性，使得本来就存在的区域和城乡差距则在继续拉大。

即使是一个县的区域之内，重点学校也是位于县城之内。对于当地政府和教育主管部门来说，他们更愿意在本地倾全力打造一两所名校，而给予普通高中的关注则很少。曾有这样的表述："在农业人口比例大的地方，在学校的建设资金上，有些乡镇非重点中学每年在学校的建设上甚至只能领到一些门窗维修费，而城市的重点中学每年都有大量的建设资金注入……"；"有一个县级市，政府20年来对其重点中学的投资已经过亿，而当其乡下的普通中学申请需要十万块来建设校园时，政府官员的反应就好比要其命一样困难"。[②] 由于一些地方的生活条件本来就差，而政府的投入又少，这样就使办学条件本来就差的学校更是雪上加霜，导致师资短缺、生源不足，教学质量低等状况，进而造成恶性循环。

---

① 广州统计局：《2007年广州市国民经济和社会发展统计公报》，2008年3月12日《广州日报》，第B12版。

② 且 东：《大困惑——当代教育何去何从》，北京．中国友谊出版公司，2006年版，第135页。

第二节　城乡和区域之间的教育资源配置

重点学校的分布状况体现了城乡之间的差距。而在总体教育资源方面，城乡和区域之间的差距也是很明显的。

一、城乡和区域师资方面的差异

生师比是衡量一所学校师资数量的一个重要指标。我们以生师比为例来说明城乡在师资条件方面的差距。

在我国基础教育中，教师的分布是极为不均衡的，不仅存在着重点学校和非重点学校的差异，更为显著的差异存在于城乡和区域之间。表3.5给出了2006年我国分城乡普通中学学生数、专任教师数以及生师比的情况。从表中的数据可以看出，城市中学的生师比不但低于全国的平均水平，而且还低于城镇和农村。可见，从师资数量上来看，城市的师资力量要优于农村。

表3.5　2006年我国分城乡普通中学学生数和生师比情况

	在校学生数（人）	专任教师数（人）	生师比（%）
总计	84518759	4850660	17.42
城市	17620897	1080350	16.31
县镇	38940388	2143618	18.17
农村	27957474	1626692	17.17

资料来源：中华人民共和国教育部发展规划司．中国教育统计年鉴2006．人民教育出版社，2007.68，69

表3.6给出了2004年全国各省市普通高中的学生和教师数据。数据显示，北京、上海、天津、浙江等省市的生师比很低，且低于全国的平均水平，而河南、安徽等省的生师比则远远高于全国的平

均水平。可以看出在全国范围内，不同省市之间师资力量的差距是很大的。结合本章第四节的表3.12中全国各省市高考录取率的统计数据，可以看出不同省市高考录取率与生师比之间也有其相关性，经济发达和高考录取率高的省市生师比较低，而高考录取率低的省市的生师比较高。从表3.6中我们也可以看出，青海、新疆、西藏等一些少数民族聚居地区的生师比也很低。表3.12显示，这些地区的高考升学率也很高。人们往往认为，这些地区由于能够享受国家优惠的招生政策，所以具有较高的高考升学率。但是根据高考升学率与生师比具有相关性这一结论，不难看出，这些地区具有较高的高考录取率在一定程度上也具有其必然性。

表3.6 2004年全国各省市普通高中的学生和教师数据

	在校生数（人）	教职工数（人）	专任教师数（人）	生师比（%）
全国	22203701	5623981	1190681	18.65
北京	274803	76347	18672	14.78
天津	198537	55223	13105	15.15
河北	1293887	344686	67536	19.16
山西	647261	186674	36985	17.50
内蒙古	473568	121274	24593	19.26
辽宁	685199	180225	35586	19.25
吉林	451637	123022	22302	20.25
黑龙江	546793	185184	32648	16.75
上海	313811	76222	17832	17.60
江苏	1373465	330488	82855	16.58
浙江	860613	191700	53303	16.15
安徽	1050188	222229	45646	23.01
福建	659758	163985	40132	16.44
江西	800049	180557	43653	18.33
山东	1891006	473687	102278	18.49
河南	1687496	424093	75961	22.22

（续表）

	在校生数（人）	教职工数（人）	专任教师数（人）	生师比（%）
湖北	1197354	269895	60334	19.85
湖南	1190533	303636	62361	19.09
广东	1313116	339997	75330	17.43
广西	651494	189618	32727	19.91
海南	102632	32936	5608	18.30
重庆	452705	111385	24067	18.81
四川	1295105	302361	66453	19.49
贵州	444031	131660	22488	19.75
云南	419758	147274	25076	16.74
西藏	26740	8247	1694	15.79
陕西	833275	185508	40745	20.45
甘肃	499609	105341	25458	19.62
青海	92122	21853	5906	15.60
宁夏	118009	25627	6538	18.05
新疆	359147	113047	22809	15.75

资料来源：中华人民共和国国家统计局编，中国统计年鉴2005. 中国统计出版社，2005. 705

表3.6给出的数据反映了全国不同省市高中阶段整体上的生师比，而表3.7给出了广东省21个市2006年的普通中学的生师比，从中可以看出在同一个省市中不同地区之间的差别。表3.7的数据显示，位于经济处于优势地位的“珠三角”地区的广州、深圳、珠海、佛山、惠州、东莞、中山、肇庆等地的生师比都比较低，而位于经济欠发达的地区的揭阳、云浮、湛江等地区的生师比都比较高，分别为25.01:1，19.47:1，24.65:1。其中，以生师比最高的揭阳和生师比最低的深圳相比，在深圳，一个教师所教的学生数竟然平均比揭阳少8.64人，少了近三分之一。这些数据反映了不同地区教师数量上的差距，与它们之间的经济社会发展水平之间的差距相一致。

表 3.7 广东省 2006 年各市普通中学的师资情况

	学校数（所）	在校生数（人）	教职工数（人）	专任教师数（人）	生师比（专任教师）
全省	4332	6392935	377490	324537	19.70:1
广州	456	567619	40803	33602	16.89:1
深圳	260	256630	20500	15678	16.37:1
珠海	58	84161	5493	4787	17.58:1
汕头	239	393470	21019	17572	22.39:1
佛山	175	319735	21450	18553	17.23:1
韶关	190	218369	14900	12839	17.01:1
河源	191	228558	14601	12878	17.75:1
梅州	265	388435	24422	21181	18.34:1
惠州	194	257051	15569	13315	19.31:1
汕尾	156	234883	11636	10048	23.38:1
东莞	154	214638	13580	10953	19.60:1
中山	97	135314	9063	7479	18.09:1
江门	258	278126	17734	16209	17.16
阳江	103	188213	10401	9030	20.84
湛江	346	622795	28984	25270	24.65:1
茂名	312	603234	30541	27945	21.59:1
肇庆	179	270588	15760	14239	19.00:1
清远	201	273173	17203	14941	18.28:1
潮州	123	195810	10609	9257	21.15
揭阳	262	460937	21772	18427	25.01:1
云浮	113	201196	11450	10334	19.47:1

资料来源：广东统计局编，广东统计年鉴 2007. 中国统计出版社，2007. 503，504

二、城乡之间教育资源差异性的具体分析

由上面的论述可以知道，城市和农村之间在师资力量上存在着显著差异。在其他教育资源方面的差异具体体现在哪里？下面我们将对这一问题进行专题论述。

“农村教育要与城市教育相差一二十年。首先是严重的教育经费不足；其次，农村师资跟不上教育改革、发展的需求，教师难得有提高、进修的机会；第三，课程设置上问题很大，现在搞素质教育，要求各门课都开设，但农村学校受编制和条件限制，很多的‘副课’都没有专职教师，故兼课的现象很严重，而且很多老师只把‘副课’当作‘搭头’，既没有这方面的素质，也不投入精力”。① 这是余秀兰在皖南实地调研时，一位县教委官员的一习话，反映了我国城市和农村教育的差异。余秀兰对皖南地区某县的两所县城学校和两所乡中心学校的调查研究结果为：“第一，由于师资水平、办学条件等因素的影响，农村学校的教学时间、教学内容、教学质量总体上都不如县城学校，这使得农村孩子在学习总体上落后于县城孩子，从而使农村孩子升学（尤其是升大学）的机会远远小于县城孩子，即位于较高社会地位的可能性远远小于县城孩子。第二，城乡孩子在学校中习得的非学术的东西也各不相同，这使得县城孩子更自信、更活泼、知识面更广泛、兴趣更多，而农村孩子则相对自卑、保守、兴趣单调、参与性低。而且城市孩子所具有的品质是现代社会所鼓励和提倡的，常常是高层次人才的特征。第三，县城家庭为其孩子提供了更为优势的文化资本，从而有力支持了其在学校的学习。第四，农村孩子的职业期望和教育期望都明显低于县城孩子，而且大

① 余秀兰：《中国教育的城乡差异：一种文化再生产现象的分析》，北京．教育科学出版社，2004 年版，第 153 页。

多数都认同将来的低社会地位，或者说考试制度和选优任能论的意识形态已经使农村孩子将来的低社会地位合法化。总之，无论是学术的学习还是非学术的学习，农村孩子习得的东西都更可能使其将来位于较低的地位，而且这种安排已经合法化”。①

这些结论只是在调查县城学校和乡中心学校的基础上而得到的，可想而知，大城市与乡村之间、发达地区与欠发达地区的差距会更大。

国家教育科学“十五”规划课题——“我国高等教育公平问题的研究”课题组的研究结果表明，1998 年至 2002 年，我国高中到高等教育的升学率从 46.1% 上升到 83.5%，增加了 37.4 个百分点；而初中到高中的升学率从 50.7% 上升到 58.3%，仅仅增加了 7.6 个百分点。与此同时，我国城市和县镇的普通中学数分别增长了 0.6 个百分点和 6.4 个百分点，而农村普通中学的数量却在逐年减少，降低了 7 个百分点。2002 年，全国城镇人口占 39.1%，农村人口占 60.9%，但农村的普通中学却只占 49.6%，城市中学数量首次超过农村。随着高等教育规模的扩大，高中教育的发展的不平衡和滞后，成为影响高等教育机会获得的瓶颈，以 2001 年为例，全国初中进入高中的升学率仅为 52.9%，这意味着，有近一半的初中毕业生不能接受高中阶段的教育。从这个意义上来说，进入高中，尤其是重点高中的竞争非常激烈。现实存在的高等教育入学机会的差距并不是孤立的现象，而是整个教育体系结构性不均等的一部分，在相当程度上是高中阶段机会不均等的一种积累和延续。②

由于城乡之间在基础教育阶段的差距，导致了在接受高等教育阶段的差距，这种影响是很深远的。农村的孩子即使能考上大学，

---

① 余秀兰：《中国教育的城乡差异：一种文化再生产现象的分析》，北京．教育科学出版社，2004 年版，第 209－210 页。

② 吕　诺、张宗堂：《高中教育成为我国高等教育机会不均等的瓶颈》，［2005－02－13］．http://www.sina.com.cn.

他们接受高等教育的过程也存在着很大的差异。“在知识学习上，大部分农村学生在英语、计算机等实用技能学习方面，由于起点低，会出现学习较为吃力这种情况。这种情况的存在，再加上经济因素、个人爱好等诸多因素的影响，直接限制了他们的辅修或双修其他专业学位，也很少考资格证书，致使其在扩大知识面、获得学历证书等方面，与城市学生存在一定差距。在社会实践方面，农村学生在兼职工作以外，较少参加其他实践活动，因此，缺乏表达能力、组织能力、沟通能力等综合素质的培养，在高等教育过程中没有获得全面发展。在人际交往方面，农村学生与同乡之外的同辈群体交往不多，缺少人际交往能力的锻炼，社交圈较为狭小，给其就业和以后的发展带来不利影响”，另外，“农村学生在经济资本、社会资本和文化资本上的匮乏，以及在中学教育过程中形成的劣势，继续存在于高等教育过程中，使其在整个大学的学习和生活中仍处于劣势地位”。①

在义务教育阶段，不同家庭背景的学生已经被分成不同的等级，导致学生接受高中教育的差异性，家庭背景较好的学生一般读的是条件较好的高中，家庭背景较差的学生则相反。不同地区和不同类型的高中之间又在硬件和软件方面差距甚远，在这种“教育竞技”中，弱势群体家庭的孩子只是那些所谓“精英”阶层子女的“陪练”而已，很少有机会接受高等教育。基础教育的不公平直接延续到高等教育阶段，基础教育的质量直接影响着高考的分数，从而决定着考生是否能上大学以及上哪种类型的大学。其他省份学生向京津沪等大城市进行的“高中移民”现象也体现了阶层的分化，并从一个侧面反映出优势阶层的子女在基础阶段接受教育的机会已经远远多于弱势群体的家庭子女。

---

① 王处辉、李娜：《当前我国高等教育过程中的不平等研究——基于对某高校农村学生群体的调查》，载《清华大学教育研究》2007 年第 4 期，第 36 - 41 页。

第三节 教育的城市化倾向

我国的教育带有明显的城市化倾向。这种城市化倾向体现为：在教材内容、培养目标、培养模式等各方面，城乡都是一致的，但在教育资源的配置上，城乡却截然不同。特别是基础教育方面，城乡之间差距很大。在有限教育经费的使用上，存在着偏向城市、向重点学校集中的不良倾向，这在不同类型和地域的学校之间造成巨大的差距。这一制度是造成炽烈的择校热、高昂择校费的主要原因，进而造成了严重的教育不公平，凝固或扩大了社会业已存在的阶层差距。① 下面我们对这些问题进行论述。

一、教材的编写

学校教育内容的设计首先表现为教材的编写。我国基础教育阶段教材的编写，显然是以城市为中心进行内容设计。在教材编写中，编写者有意或无意间忽略了普遍存在的城乡和地区差异，想当然地以城市生活者，甚至只是某些大城市生活者的立场和身份来选择内容。然而，他们没有意识到，以这种视角编出来的教材，对城市师生来说自然不存在问题，可是，当它面对广大农村师生时，就显得不太合适了，这对农村学生是不利的。比如，初中新课标教材中，有很多要求学生查找资料、搜集资料的课后练习，可是农村中学师生反映，他们没有条件上网或到图书馆；课本要求学生“体验大自然，体验四野，体验农村生活”，农村学生打趣地说：“我们已经体验够了”，并质疑“为什么不体验城市生活?”，诸如此类的问题，体现了课程编写者的城市情结。

---

① 杨东平：《教育改革：公共政策的回归》，2005 年 12 月 26 日《21 世纪经济报道》。

余秀兰对人民教育出版社语文教研室编著的九年义务教育语文教科书的插图、课文内容、人物特征和语言几个方面进行了分析，结果表明："无论在内容还是形式上，这几个方面都有一定的文化偏向，这种偏向不一定表现在课本中描述城市或乡村内容的绝对数量上，而是首先表现在一种城市生活的价值取向上，城市代表着现代生活、代表着现代化，成功人物也是城市特色的，或者说，学校培养成功人才的取向就是城市定向的；其次，虽然表达城乡内容的插图和课文在绝对数量上差异不明显，但对城乡孩子来说仍有学习上的难易之差，因为城乡孩子早期教育不同，视野不同，所积累的文化资本也不同，城市孩子知道得更多，不仅对占课本大多数的中性内容可能更熟悉一些，而且对典型化农村特征的内容也可能并不陌生；更为关键的是，语言的形式、课本知识的表达方式对农村孩子来讲完全是一种外在的、陌生的符号系统，即使是农村孩子熟悉的内容也被陌生化了，而城市孩子则由于早期家庭教育和幼儿园教育，对这些表达方式有一定的了解。除语文课本外，其他教材也有类似的现象。比如李书磊提到，在某版思想品德课《不上当受骗》一课之后，有这样一篇课后作业：小青一个人在家，有陌生人敲门，说是来修水管的，让小青开门。当你遇到这种情况后，该怎么做。他认为：'这是现行教育体制下城乡共用教材而教材又以城市为本位所造成的尴尬之一例'"。①

二、高考内容设计方面

高考内容设计上也同样存在着这些问题。余秀兰对 1992 – 2001 年十年高考语文试卷的分析，得出了试卷中存在着不利于农村考生

① 余秀兰：《中国教育的城乡差异：一种文化再生产现象的分析》，北京．教育科学出版社，2004 年版，第 131 页。

的文化偏向。“第一，内容较多地反映城市生活，所反映的热门话题或时代话题，多是城市背景下的，有些内容，农村孩子非常陌生，甚至是从未听说过的，反映农村生活的考题很少。第二，考试对语言、文字的要求非常规范，完全排斥口语和乡土的、不规范的东西。这在对音、字、词、句、标点的考核中得到最明显的反映。而这套规范与农村孩子平时的生活相去甚远，他们要掌握这套全然外在的、陌生的符号，就必须完全抛弃在家庭或乡土中已经习得的那套符号，并接受非常规范、严格、扎实的基础教育。第三，考生的综合性、技巧性、创造性越来越高，要求考生扎实的基础知识、宽广的阅历、丰富的想象、多元的思维。事实上语文考试一向是‘功夫在诗外’，书本上的内容考得很少……，考生平时的积累、课外的阅读和训练就显得格外重要，而这对条件有限的农村考生显然不利。第四，信息不对称。有些考题选自于报纸、有关文章、书籍，有的甚至在各地交流中出现过，这对信息不灵、缺乏报刊书籍、资料较少的农村考生来说，显然是不公平的。总之，考试的最大问题可能正如阿普尔所言：知识本身并不产生问题，但由于进入学校的知识往往被认为是给定的、中性的，所以各社会阶层、各学校、儿童之间可以进行比较。我国的高考也是如此，它不仅假设知识是中性的，还假设所有学生家庭背景是相同的，学习条件（资源）是相同的，学习起点是相同的，因而可以通过高考来比较他们的优劣，来选拔所谓的优秀”。①

事实上，城乡学生之间在很多方面差距是十分显著的。比如，在第二章第四节中，我们对不同地区和不同类型高中学生所阅读课外书等情况所进行的调查数据显示，重点学校的学生有相当高的比例会经常看考试辅导材料，非重点高中的学生则较低；而城市和农

① 余秀兰：《中国教育的城乡差异：一种文化再生产现象的分析》，北京. 教育科学出版社，2004 年版，第 152 页。

村学校对比有差别，城市非重点学校经常看考试辅导材料的学生比例远高于乡镇普通高中的学生。特别是，从所调查高中学生对问题的回答可以看出，就报纸和杂志来看，城市高中的学生经常读报纸的比例明显高于农村，城市普通高中学生经常读报刊杂志的比例高达49.3%，这表明，农村学生对时事问题以及知识的涉猎是非常有限的。从各个学校的情况来看，同学们经常读中外名著和科技书的比例都比较低，但是也存在城市和农村之间的差距。通过调查分析，证明了农村学生确实阅读报刊、书籍、资料较少，知识的积累、课外的阅读和训练较少，所以在高考中显然处于不利地位。

以上，我们分析了教材内容和高考内容中存在的很多不利于农村和家庭背景较差的学生的问题。其实这不简单地只是教材编写和试卷设计的问题，它从一个侧面揭示了我国现阶段教育制度中一个普遍性的问题，即对乡镇和弱势群体教育的忽略。然而，对一个国家的教育事业来说，只关注城市而忽略乡镇特别是农村是完全不应该的。对中国这样一个农村区域和人口占大多数的发展中国家来说，这种情形尤其应该避免，教育不只是城里人的事情，更不只是大城市人的事情，它同样牵动着亿万农村人的心。为什么农村会变成一个如此巨大的被遗忘的角落？这应该引起教材编写者、教育工作者和其他各行各业的人的深刻反省。

三、高校招生中的保送生和自主招生制度

作为对现行高考录取制度的补充，高校实行保送生制度由来已久，对高校选拔一些优秀人才起到了重要作用，但是我们也应该看到，这一制度的受益者其实更多地是高阶层或家庭处于较好的地理位置或者重点学校的学生。我们看一下教育部公布的2007年保送生的选拔条件，便可以知道其中的难度有多大。保送条件共有8条，具体如下：

第一，按照《中共中央办公厅国务院办公厅关于适应新形势进一步加强和改进中小学德育工作的意见》（中办发〔2000〕28 号）和《教育部关于学习贯彻〈中共中央办公厅国务院办公厅关于适应新形势进一步加强和改进中小学德育工作的意见〉的通知》（教基〔2001〕1 号）要求，在高中阶段被评为省级优秀学生的应届高中毕业生。

第二，高中阶段在全国中学生学科奥林匹克竞赛全国决赛（包括：中国数学奥林匹克、全国中学生物理竞赛决赛、全国高中学生化学竞赛、全国青少年信息学奥林匹克竞赛、全国中学生生物学竞赛）中获得一、二、三等奖的应届高中毕业生。

第三，高中阶段在全国中学生学科奥林匹克竞赛省赛区竞赛（包括：全国高中数学联赛、全国中学生物理竞赛（省级赛区）、全国高中学生化学竞赛（省级赛区）、全国青少年信息学奥林匹克联赛、全国中学生生物学联赛）中获得一等奖的应届高中毕业生。

第四，高中阶段在全国青少年科技创新大赛（含全国青少年生物和环境科学实践活动）或“明天小小科学家”奖励活动或全国中小学电脑制作活动中获得一、二等奖的应届高中毕业生。

第五，高中阶段在国际科学与工程大奖赛或国际环境科研项目奥林匹克竞赛中获奖的应届高中毕业生。

第六，根据高等学校外语专业对生源的特殊要求，经批准具有推荐保送生资格的外国语中学可向语言类院校和综合性大学的外语类专业推荐思想品德和学习成绩优秀且高中阶段均在本校就读的应届高中毕业生。

第七，符合国家体育总局、教育部等 6 部（局）印发的《关于进一步做好退役运动员就业安置工作的意见》（体人字〔2002〕411 号）中有关保送要求的退役运动员，即曾获得全国体育比赛前三名、亚洲体育比赛前六名、世界体育比赛前八名和获得球类集体项目运动健将、田径项目运动健将、武术项目武英级和其他项目国际级运动健将称号的退役运动员。

第八，符合公安部、教育部印发的《普通公安院校招收公安英烈子女保送生的暂行规定》（公政治〔2000〕138号）的公安英烈子女。

从以上8条可以看出，除了第8条之外，其他7条对学生的学术能力或体育能力要求都很高，非出类拔萃的尖子学生是望尘莫及的。达到以上的条件，必须具备良好的学习环境和家庭经济条件，这对于农村和家庭经济困难的学生来说基本上是不可能的。事实上，能进入保送生行列的学生大部分都是家庭背景好，而且就读于重点高中的学生。由于在高中阶段已经体现出了显著的城乡和阶层差异，重点学校的学生一般是出身较好的学生，所以保送生中，当然也是这些学生居多。而且，不同类型高中所给的保送生名额也是不同的，重点高中尤其是大城市的重点高中的名额远远高于其他高中，甚至很多高中根本就没有推荐保送生的资格。保送生制度的受益者实际上是优势家庭子女，这一制度把家庭背景差的子女排除在外。我们对华南地区的一所教育部直属重点高校2008年参加保送生资格测试学生的背景情况进行了统计，统计结果正说明了我们以上的结论是正确的。这所高校2008年参加保送生测试资格的学生共有215人，其中来自于广东省的有91名，占了42.33%，而这91名考生中，有85名（占93.41%）的学生来自于广东省一级中学，5名来自于办学条件很好的民办学校，另有1名来自于一所艺术学校。

我国高校于2003年开始启动了高校自主招生改革工作试点，这是深化高等学校招生考试制度改革的重要举措。至今，开展此项试点改革的院校已经由2003年的22所增加到2007年的59所，到2008年又增加到68所，这68所全部是“985工程”和“211工程”的高校。这些试点高校自主选拔录取招生人数，原则上占其年度本科招生计划总数的5%，考生人数较多且生源质量好的高校可以有所扩大。招生对象是综合素质突出、学习成绩优异、具备某些特长的应届高中毕业生。这些考生一样要参加当年的高考，只是他们在以第一志愿报考相关学校时，会在高校录取时享受20分或多一些的加分，少数特别优秀的学生可以不受生源所在地同批次分数线的限制。

2006年一种新的自主招生形式出台，经教育部批准，具备自主招生资格的复旦大学和上海交通大学在原有招生选拔的框架下进行了拓展，不再将高考成绩作为录取的主要依据，而是以面试成绩作为录取的主要依据，高考成绩只作为参考。2007年各高校的招生政策有了一些新的变化，如清华大学在上海的自主招生取消了笔试，采取集体面试和个人面试的方式；北京大学取消了自主招生对象仅限于省级重点中学的限制，普通中学也可以报名等。2008年高校自主选拔录取改革试点政策还呈现一些新的变化：一是试点高校在确定参加自主选拔录取测试的生源范围时，将向高中新课程试验区、扎实推进素质教育的地区或中学、在创新实践或学科专业方面表现突出的考生等三个方面倾斜；二是有免费师范生招生任务的试点高校，自主选拔录取计划将主要用来招收师范生；三是对少数特别优秀的考生，试点高校可以突破原有的考生分数必须达到生源地所在地同批次分数线的限制。

应该说，高校自主选拔录取改革得到了社会各界的高度评价。改变了统一高考内容和形式过于单一的状况，意味着高校招生自主权更进一步扩大，使高校能够真正选拔出符合高校培养目标的全面发展、综合素质高和有个性特长的学生，有利于高水平大学根据自身的不同需求、采取不同形式和标准进行选才，在一定程度上体现了高校在选拔人才上的自主意识并给予其选择的权利，使在创新实践或学科专业方面表现突出的学生有了更多脱颖而出的机会。事实也证明，经过这种选拔方式选出的学生表现出很高的综合素质、很强的自控能力和浓厚的学习兴趣，他们思想活跃、富于创新、乐于参与学术活动，初步显示出不同于一般学生的潜质。

然而，参加自主招生考试的考生一般是家庭背景比较好的学生。

我们看一下 2006 年复旦大学和上海交通大学的新的招生选拔制度。2006 年 4 月，复旦大学和上海交通大学进行新的招生制度改革，复旦大学采取的方式是首先通过申报材料对考生进行筛选，然后通过笔试进行第二轮筛选，最后通过面试、进行综合评价决定是否录取；上海交通大学没有笔试，直接对筛选出来的学生组织专家面试，通过后录取。两个学校的招生录取制度改革，是我国高校招生考试中首次通过“面试”进行录取，这次招生制度改革，被华东师范大学高等教育研究所的唐安国教授称为“中国高考制度改革的破冰之旅”。① 对于家庭背景较差、处于劣势地位以及偏远地区的考生来说，面对这种新的招生制度时有其不利的一面。原因如下：

首先，从招生对象来看，这两所学校以这种方式招收的 600（每所学校 300 名）名学生全部面对上海市的应届毕业生，这就意味着没有上海市户口的考生根本没有资格参加这种招生考试。目前，即使高校的自主招生考试允许其他地区的考生参与，但是由于考生必须到所要报考的学校参加考试，那么对于农村、偏远地区以及家庭经济条件差的学生来说，报名费、交通费、住宿费等费用是一笔不小的开支，他们没有能力支付这笔钱。

其次，在学校招生时，学生必须经过第一轮的筛选才能进入后面的面试环节，而在第一轮的筛选中，对报名的学生要求是很高的，学生必须有某方面的特长，并且还要通过学校组织的笔试。

再者，从面试的内容来看，面试时所出的题目不是书本上的专业知识，而是一些社会关注度很高的内容，有时还有面试老师即兴发挥所提出的问题。比如“你的学习方法是什么？你对学习过程有什么理解？”、“不少媒体批露过医生收红包的事件，对于医德问题，你有什么看法，应如何避免‘收红包事件’的发生？”、“国民经济

① 唐安国、李小波：《不拘一格降人才——从复旦、交大的招生改革谈我国高考制度改革的趋向》，载《复旦教育论坛》2006 年第 3 期，第 5－7 页。

发展过程中遇到哪些矛盾，你有何观点和看法?”、“有些演算题可能要经过冥思苦想才能得到答案，你有无这样的经历，举例说明，并说出当时的经历”等问题。在这样的面试中，更多是考察学生的语言表达能力、对知识的灵活掌握程度以及学生的精神面貌等，而对于偏远地区的那些学生来说，由于所处的地理位置，家庭环境以及学校等方面的因素，他们在面试时必定处于劣势地位。

最后，自主招生的名额很少，考试题目相当灵活，知识面也特别广，竞争相当激烈，所以对于一些死读书本的学生来讲是很难通过的，其主要对象是那些“尖子生”或有特长的学生。

从以上分析可以看得出来，新的招生制度改革在一定程度上是照顾到了家庭背景好的学生。而经济社会地位较低的家庭的子女并没有得到实惠，相反，与没有实行新的招生制度之前相比，这些学生接受高等教育的机会相对更少了。因为对于一所高校而言，每年的招生总数是一定的，而在招生总数不变的情况下，学校已经拿出一部分名额来进行自主招生，也意味着把这些名额已经给予了优势阶层，而其他学生根本没有机会争夺这些名额。而且，在各个高校实行自主招生时，能否保证自主招生的公平公正，也是值得怀疑的。虽然新的招生制度改革使得考生的选择机会更多，学校的选择自由度也不断增加，但是这些招生政策实际上都是针对城市孩子和家庭背景较好的孩子而言的，地处农村和偏远地区以及家庭背景较差的学生基本上是没有机会享受。高考加分以及保送生等政策，实际上赋于了一部分人在高考中的特权。有些师资缺乏的地方和家庭经济困难的学生，缺少享受“加分”的教育资源和机会，更加凸现不公平。

第四节　教育投入和学费标准

一、教育投入对高等教育入学机会的影响

我们国家的高等教育系统内部存在严重的等级化现象。在行政级别划分上，高等学校被划分为副部级、正厅级、副厅级、无级别（民办学校领导没有级别）。相应地，不同级别的高校享有不同的待遇，表现在话语权、教育资源的配置以及招生录取等方面。尤其是在资源配置上，不同级别的高校相差甚远。“985”工程和“211”工程高校可以获得国家的专项投资，在教育投资以及招生等各方面得到政府的保护很多，而一般的高校，从政府获得的投资以及制度保障则较少。根据已有研究成果和我们对高中学生升学选择的调查资料结果分析，重点大学中更多招收的是家庭背景好的学生，家庭背景不好的子女则相对多地集中在高职高专层次上。很显然，优质的教育资源配置给了优秀的学生，对于家庭背景不好的学生来说，在获得的仅有的高等教育机会上，也是非优质的教育资源。

二、学费标准对高等教育入学机会的影响

从第二章的研究结果可以知道，家庭经济社会条件比较差的学生主要集中在高职高专院校。高职高专学习周期短，能够在较短的时间内学习到一定的知识技能，同时也能节省一些其他方面的开支，这对于家庭背景差的学生来说，应该是较好的选择。但是，高职高专在学费标准上并不比公立本科高校的低，有些甚至还更高。这无疑给这些家庭又增加了经济负担，从而不利于这一群体接受高等教育。

由于国家在教育投资取向上存在着倒挂现象，即层次越高的高校，国家的教育投入力度也越大，层次越低的高校教育投入力度则越小。这样就使高职高专院校必须要依靠提高学生的学费而生存，从而，也造成了高职高专收取较高的学费，有些甚至超过重点大学的学费。以陕西省为例，陕西的普通本科院校、部属重点高校2004年收费标准平均在3500～4500元之间，而同年高职（专）院校的收费标准平均为4500～5500元，比前两类高校平均收费标准高出1000元左右，其他省份也存在类似的现象。① 我们再来看河南省2009年的学费标准。2009年河南省公办的高等教育学校里，文科类本科学费为3400元/生/年，理工类3700元/生/年，医学类4500元/生/年，艺术类5700元/生/年；文科类专科学费为3300元/生/年，理工类3600元/生/年，医学类4400元/生/年，艺术类5600元/生/年。② 虽然高职高专的学费标准比公办本科低了100元，但是，这个差距与学生家庭经济条件的差距相比是微乎其微的。另外，各高校在制定学费标准时，采取“一刀切”的办法，未能体现来自不同地区、不同家庭收入学生的差异性。

近年来，民办高校不断发展，已逐步成为我国教育体系中的一个重要组成部分。这种教育办学形式出现，有力地弥补了国家在办高等教育过程中面临的财力、物力和人力等方面的困难。但是，由于民办高校主要依靠收取高学费来办学，所以民办高校的学费标准要远远高于公办高校。比如，广东省2007年公办高校学费标准在4500～5500元之间，而民办学校、独立学院学费标准在10000～16000元之间，后者高出前者一倍多。③ 使得很多家庭经济困难的子

① 王伟宜：《中国不同社会阶层子女高等教育入学机会差异研究》，厦门．厦门大学博士学位论文，2006年，第279页。

② 《河南高校收费情况》，[2009－08－24]．http://www.tesoon.com/a/06/27837.htm.

③ 《广东公布高校收费情况》，[2007－05－15]．http://www.eol.cn/gd_ 5575/20070515/t20070515_ 232513.shtml.

女没有机会进入这类学校就读。另外，由于办学质量和对社会办学的认同感等方面的原因，民办高校在办学过程中面临更多的困难。比如，2008 年在北京的民办高校开学后，新生的报到率不足 9 成。①

这些年来，高校学费在不断上涨，对于经济条件好的家庭来说，学费算不了什么，但是，对于一个农民家庭来说却是沉重的经济负担。2006 年两会期间，政协委员孙继业指出中国高校在改革开放前是免费教育，20 年前涨到 200 元，1995 年涨到 800 元，2005 年再涨到 5000 元，近 20 年的时间里上涨 25 倍。按照每名贫困大学生每年平均支出 7000 元计算（包括学费、生活费和住宿费），一个本科生 4 年最少花费 2.8 万，相当于一个贫困县农民 35 年的纯收入，这还是在不考虑农民自身的吃饭、穿衣、看病、养老等因素的情况下。②如今，广大农民供给子女求学费用的基本出路无外乎两条：要么背井离乡外出打工赚钱，要么种地养植换钱。事实上，这两条出路都不大好走，这让农民走得十分艰难。重庆市大渡口某厂区内，45 岁的綦江农民工王大春为了多给儿子攒一点学费，特意在春节期间连续加班苦干 20 天，终因劳累过度不慎从 5 米高的水泥罐车上倒栽下来，造成头部重伤至今仍然昏迷不醒。③ 2009 年开学初，浙江传媒学院数字媒体技术专业大二学生巫小宾，带来了一万斤橘子到杭州，打算将橘子的销售所得用来缴纳学费。表面看来，这只是一些个案，但确实反映了农村孩子接受教育方面所遇到的普遍的现实问题。

根据以上的论述可知，家庭背景好的学生选择重点高校的机会多，重点高校所得到的政府的投资和保护又多，那么家庭背景好的学生在接受教育方面很显然处于优势地位。也就是说，在我国，由于教育资源配置的不均衡，使得家庭背景决定接受教育机会的情况

---

① 《北京 10 所民办高校新生报到率不足 9 成今起开始补录》，［2008 - 09 - 12］. http://learning.sohu.com/20080912/n259521861.shtml.

② 《本科生培养成本约为一个贫困县农民 35 年收入》，［2006 - 04 - 14］. http://www.sina.com.cn.

③ 徐云鹏：《对大学生带万斤橘子抵学费的多重解读》，［2009 - 02 - 20］. http://www.sina.com.cn.

还比较严重。

第五节 高校地理分布

一、我国高校的地理分布状况

我国高等学校的分布不均衡历来已久。这种不均衡主要体现为，东部发达地区和大城市高校分布较为集中，其数量远远多于西部和中小城市，尤其是重点大学多数分布在东部和大城市。表 3.8 给出了 2007 年普通高校在各省市的分布情况。根据表中的数据可知，代表我国普通高校最高水平的部委直属高校，大部分集中在北京、上海和一些省份的省会城市。其中，在全部 79 所高校中，仅北京就占了四分之一多，再加上上海（8 所）、江苏（9 所）、湖北（7 所）、陕西（6 所）、四川（5 所）又占去约二分之一，其他众多省市的总和也仅为约四分之一。

表 3.8 2007 年我国普通高校在各省市的分布情况表（单位：所）

地区分布	高校数	学校层次		
		本科数	部委直属本科数	专科数
北京	80	58	21	30
天津	46	18	2	28
河北	88	33	0	55
山西	59	17	0	42
内蒙古	37	10	0	27
辽宁	79	40	3	39
吉林	44	25	2	20
黑龙江	68	25	3	43

（续表）

地区分布	高校数	学校层次		
		本科数	部委直属本科数	专科数
上海	60	31	8	30
江苏	118	44	9	74
浙江	73	28	1	45
安徽	89	30	2	59
福建	72	19	1	53
江西	66	20	0	46
山东	110	41	2	70
河南	82	31	0	51
湖北	86	35	7	51
湖南	99	27	2	72
广东	109	37	2	72
广西	56	19	0	37
海南	15	5	0	10
重庆	38	15	2	23
四川	76	30	5	46
贵州	37	14	0	23
云南	51	17	0	34
西藏	6	3	0	3
陕西	76	37	6	39
甘肃	34	13	2	21
青海	11	3	0	8
宁夏	13	5	0	8
新疆	31	11	0	20
合计	1909	708	79	1201

资料来源：根据教育部网站 http://www.moe.edu.cn 中的全国普通高校名单（截至2007年5月18日）中的材料整理计算而得。

高校布局的不均衡不仅在各省市之间存在，而且存在于同一个省区内部。在同一个省区之内，高校分布也主要集中在城市尤其是大城市，农村和偏远地区的高校极少。广东是一个经济社会发展极不平衡的省份，以广东为例进行说明。表 3.9 和表 3.10 分别给出了广东省 2005 年和 2007 年普通高校的分布状况。

表 3.9　2005 年广东省普通高等学校分布状况

	高校总体分布		高校分层次分布			
地区分布	高校数（所）	所占比例（%）	本科	所占比例（%）	专科	所占比例（%）
“珠三角”地区	85	84.16	28	77.78	56	86.15
其他地区	16	15.84	8	22.22	9	13.85
合计	101	100	36	100	65	100

资料来源：根据教育部网站 http://www.moe.edu.cn 中 2005 年的全国普通高校名录中的材料整理计算而得。

表 3.10　2007 年广东省普通高等学校分布状况

	高校总体分布		高校分层次分布			
地区分布	高校数（所）	所占比例（%）	本科	所占比例（%）	专科	所占比例（%）
“珠三角”地区	92	84.4	29	78.38	61	84.72
其他地区	17	15.6	8	21.63	11	15.28
合计	109	100	37	100	72	100

资料来源：根据教育部网站 http://www.moe.edu.cn 中 2007 年的全国普通高校名录中的材料整理计算而得。

表 3.9 和 3.10 的数据显示，广东省有超过 84% 的高校都分布在“珠三角”地区，而全国重点和省属重点高校则全部集中在广州市。从学校层次来看，78% 以上的本科院校集中在“珠三角”地区，而东西两翼和北部山区仅有 8 所本科院校，且大部分也是刚刚升格的

一般本科院校，高等学校分布的城市化现象十分明显。对比 2007 年和 2005 年的数据可以看出，从 2005 年到 2007 年，广东新增高校 8 所，其中有 7 所是设立在“珠三角”地区。这就意味着，如果说高校分布不均衡是历史遗留问题，那么在高等教育大发展的新时期，这种状况依然在重复发生，没有改变的迹象。

再看处于“长三角”的教育大省江苏省的高校分布。很显然，江苏省与广东省具有类似的特点。表 3.11 给出了 2006 年江苏省普通高等学校分布情况。由表中数据可以看出，江苏省的高校大部分集中在大中城市，仅南京、苏州和无锡三个城市就集中了全省 53.9% 的高校，作为省会城市的南京市高校数最多，占全省高校数的 34.8%。而且从学校层次来看，其分布也十分不均匀，全省共有本科院校 43 所，而其中有将近 52% 的位于南京市，位于其他中小城市的学校不但总数少，就学校层次来说，这仅有的高校也大部分是专科院校，占了将近 72% 的比例。位于江苏省内的全国重点高校，则更是主要集中在南京等大城市。

表 3.11　2006 年江苏省普通高等学校分布状况

地区分布	高校数		学校层次			
	（所）	所占比例（%）	本科（所）	所占比例（%）	专科（所）	所占比例（%）
南京市	40	34.8	22	51.2	18	25.0
苏州市	12	10.4	3	7.0	9	12.5
无锡市	10	8.7	1	2.3	8	11.1
徐州市	7	6.0	4	9.3	3	4.2
常州市	9	7.8	3	7.0	6	8.3
扬州市	5	4.3	1	2.3	4	5.6
其他地区	32	27.8	9	20.9	23	31.9
合计	115	100	43	100	72	100

资料来源：根据教育部网站 http://www.moe.edu.cn 2006 年全国普通高校名录中的材料整理而得。

从以上分析可以知道，我国高校分布的城市化倾向相当严重。当然，高等学校分布城市化现象是在我国高等教育发展的特定历史条件下产生的，其产生有着特定的历史背景和必然性。对于还是处于精英阶段的高等教育来说，由于接受高等教育的人数比较少，相应地高等学校数量也比较少，把高校设在城市是可以理解的。然而，随着高等教育的发展，高等教育的规模在不断扩大，接受高等教育的人数也在逐年增加，这不仅要求高等教育机构本身要发生变化，高等教育机构的所在地也要发生变化，即由原来的以城市为中心的设置转到中小城市甚至农村地区。这是因为，在高等教育大众化的过程中，精英教育依然存在，而发展最为迅速的则是非精英的大众化高等教育机构，这些机构能够满足更多的中下阶层子女接受高等教育的愿望和理想。如果这些学校都设在大城市，一方面，城市消费水平比较高，对于经济条件比较差的中下阶层子女来说，无疑接受高等教育成为了很沉重的负担；另外，高层次高等教育的机会一般是城市高阶层子女获取的比例较高，而农村的孩子更多地在一般本科院校和高职高专院校就读，若让家庭经济贫困的农村孩子到城市来就读，无疑增加了他们的经济负担。如果说，原来高校分布的地区可以归咎为历史原因，那么在新设立的高校中还存在这些问题又说明了什么问题呢？如果有关部门和有关人员不能深刻认识这些问题，那么高等教育发展不均衡等问题是难以得到解决的。

二、高校地理分布对高等教育入学机会的影响

根据我们第二章的研究知道，家庭背景对子女的入学机会产生重要影响。在此，我们所指的家庭背景主要包括家长的文化程度、职业、家庭经济条件以及家庭所在地等方面。我们所分析的家庭所在地主要是指学生的城乡分布。从更广泛的意义上来说，家庭所在地也指学生户籍所在的省市。考生的户籍所在的省份不同，意味着

其上大学的机会也不同。由于高校布局的不均衡，使得不同省、市的考生接受高等教育的机会也不同。本节将讨论家庭所在地高等教育的发达程度对高等教育入学机会的影响。

（1）从高考录取率看各个省份高等教育入学机会的差异性

我们通过网络途径，获得了2007年全国各主要省份的高考招生录取率数据，由表3.12给出。从高考录取率来看，各个省份之间的差距很大，表明不同省份的考生进入高等学校的机会不同，并且这种机会的差别还很大。如果考虑到不同群体在高等教育阶段之前接受的教育所存在的差异，则不同家庭子女接受高校机会的差距会更大。

表3.12　2007年全国各省市高考考生和录取情况统计数据

排名	省市	报考人数（人）	录取人数（人）	录取率（%）	信息来源 * http://learning. sohu. com
1	海南	42300	35985	85. 10	/20070823/n251745221. shtml
2	上海	110452	92925	84. 00	/20070820/n251672820. shtml
3	黑龙江	224000	174000	77. 7	http://learning. sohu. com/s2007/gklql
4	辽宁	290000	220000	75. 00	/20070823/n251745420. shtml
5	北京	109876	80859	73. 60	/20070813/n251551556. shtml
6	浙江	359000	257000	72. 50	/20070820/n251674598. shtml
7	江苏	530000	370000	69. 81	http://learning. sohu. com/s2007/gklql
8	重庆	177349	123358	69. 55	/20070813/n251551005. shtml
9	广东	553826	384000	69. 30	/20070827/n251795299. shtml
10	宁夏	565000	39000	69. 03	http://learning. sohu. com/s2007/gklql
11	吉林	201000	137987	68. 70	/20070823/n251745514. shtml
12	西藏	15000	9760	65. 10	/20070822/n251717620. shtml
13	青海	38000	24429	64. 30	/20070829/n251838852. shtml

（续表）

排名	省市	报考人数（人）	录取人数（人）	录取率（%）	信息来源* http://learning. sohu. com
14	山东	717158	478132	63. 40	/20070820/n251674817. shtml
15	福建	309300	184400	59. 60	/20070829/n251840586. shtml
16	内蒙	239000	138296	57. 90	/20070823/n251745663. shtml
17	湖北	503000	289000	57. 4	http://www. eol. cn/dongtai_ 5640/20070618/t20070618_ 238318. shtml
18	江西	384292	220980	57. 00	/20070820/n251675544. shtml
19	新疆	154096	80481	56. 60	/20070823/n251745773. shtml
20	湖南	518782	284569	54. 90	/20070820/n251674920. shtml
21	广西	300000	162611	54. 20	/20070827/n251797377. shtml
22	四川	498800	267000	53. 52	http://learning. sohu. com/s2007/gklql
23	河北	561800	298637	53. 20	/20070829/n251847630. shtml
24	河南	878000	460000	52. 30	/20070821/n251696663. shtml
25	安徽	564000	289627	51. 40	/20070827/n251797706. shtml
26	陕西	411700	197500	47. 97	http://learning. sohu. com/s2007/gklql
27	山西	331000	146000	44. 10	/20070823/n251746034. shtml
28	贵州	225700	97108	43. 00	/20070829/n251838819. shtml
29	甘肃	272000	116945	43. 00	/20070823/n251746210. shtml
30	天津	885000			http://learning. sohu. com/s2007/gklql
31	云南	200000			http://learning. sohu. com/s2007/gklql

资料来源：http://learning. sohu. com/20080513/n256817396. shtml.

通过分析表 3. 12 中的数据，可以发现各省市高考录取率有两个特点：一是处于全国经济社会发展中心地区的考生入学机会高，如北京、上海、江苏、浙江、东北地区；二是一些经济社会发展比较落后的省市，其考生的高等教育入学机会也较高，如海南、西藏和青海等。对于后者，主要是因为这些地方多为少数民族聚居或得到政策特殊发展关注，有政策方面的倾斜等。在这些地方考生高考机会较高有其特殊原因，在此不作特别论述。对前者进行分析，我们就能看出其中的差异。从数据来看，北京、上海、重庆、浙江、江苏等省市报名人数较少，而投放的招生计划相对较多，所以录取率也就偏高，而部分欠发达的中西部省市，招生人数相对少，录取率就低。从一个侧面，我们也可以看出，无论是名牌大学，还是一般高校，都偏爱北京、上海、浙江这些发达省市，投放较多的招生名额。而这些地方本身的高等教育资源就很丰富，再加上一些名牌大学的青睐，所以其考生的高等教育入学机会高是必然的。而对于湖南、安徽、江西、河南等高考大省而言，由于经济发展水平较低，位于其他省份的高校在本地投放的招生指标也是很有限的。而本省的高等教育资源又比较少，从表 3.8 可以知道，河南和江西不仅高校数很少，而且部属重点高校数是空白。在这双重不利的条件下，这些省区的学生在接受高等教育机会上无疑会受到不利影响。

事实上，我国的重点高校在录取指标的分配上确实存在着明显的地域倾向。吴根洲对 2004 年“985”高校高考录取公平问题的研究表明，“985”高校在所处省区录取的人数占此省区被所有“985”高校录取人数的比例（这个比例我们称之为省区内高校对所在地区的共享率）相当高，上海、北京、吉林、天津分别为 85.54%、54.26%、48.83%、45.47%，而省区内没有“985”高校的河北、河南、江西、山西等省份的考生则被这些高校录取的机会就少。在目前的高考录取政策下，“985”高校的高考录取（2004）基本没有体现应有的公平补偿原则。①

---

① 吴根洲：《“985”高校高考录取公平问题研究——以 2004 年为例》，载《教育与考试》2007 年第 4 期，第 18－21 页。

通过对各省市高考录取率的分析可以看出，经济社会以及高等教育发达省市的考生在接受高等教育方面处于优势地位，而其他省份由于经济社会发展不是很发达，位于其他省份的高校，尤其是重点高校的招生名额的投放量很少，而本省的高校数量又少，所以，考生接受高等教育的机会就较少。因此，从这个意义上来说，要解决本省、本地区考生接受高等教育的机会问题，还需要在本地多建一些高校。

（2）高考名额的分配

我国现行的统一高考制度具备了形式上的公平——分数面前人人平等，但实际录取学生的方式采取的是分省定额、划线录取的办法。各地录取定额并非按考生数量平均分配，而是按各地高教资源的状况，以及优先照顾城市考生的准则。因此，出现各地之间录取率、录取分数线的极大差异。这种“倾斜的高考分数线”，加剧了地区和城乡之间原已存在的教育不平等，这主要是由于历史形成的高等教育资源分布的不合理。例如 1997 年各地普通高等教育的规模，高校在校生较多的前 10 个省市，占全国高校在校生总数的 53.6%，中间的 11 个省占 35.2%，后 10 个省、市、自治区仅占 11.2%。此外，在计划经济时代，公共政策是以“中央”、“国家”为中心的，较少考虑城乡、地区和阶层之间的利益平衡，并在城乡二元结构的现实中逐渐形成了一种“城市中心”的价值取向，它直接影响了高考招生政策。①

高校在录取时存在着明显的地缘倾向，这在教育部直属重点高校录取时是普遍存在的。比如 2003 年，北京大学在北京、上海、天津的录取分数线均较低，我们以录取分数线最高的河南作为参照，录取线最低的天津市文理分数线分别低于河南 70 分和 51 分，北京的文理录取分数线与河南分别相差 58 分和 48 分。高校所在地的学

① 《高考招生制度影响教育公平》，［2006－07－06］．www. hbnews. net.

生接受高等教育的机会要远远高于其他省市的学生。以复旦大学为例，2005 年，该校在上海招生的总数为 1440 人，而在全国其他省市的招生总数也只有 1231 人。我们把该校在部分省市的招生名额与相应省份的人口总数进行计算得出各个省市每百万人口被该校录取的人数（见表 3.13）可以看出，在各个省市录取人数的差距是十分惊人的，这也导致了这类高校在不同地方的录取分数线相差悬殊。高校的这种指标分配制度无疑导致了接受高等教育机会的不公平。

表 3.13　2005 年部分省市每百万人口被复旦大学录取的人数（单位：人）

上海	860.22	四川	6.96
江苏	16.13	河南	4.09
浙江	28.86	湖南	8.85
湖北	5.14	辽宁	10.85
山东	6.28	江西	13.53
安徽	10.52	北京	50.65
福建	17.86	宁夏	21.35
广东	7.06	青海	19.31

资料来源：根据 http://qjfp.gov.cn 曲靖计生网中第五次人口普查及 http://www.ao.fudan.sh.cn 的数据计算而得。

（3）高校布局对经济困难家庭学生的影响

我国高校布局偏向于城市和东部发达地区的状况，不仅使农村或偏远地区的子女在获得高等教育入学机会上有更大的难度，而且还增加了他们接受高等教育的经济负担。以很多农村学生的家庭经济实力，即使能考上这些学校，也未必能付得起包括学费、生活费、交通费等在内的费用。他们在农村挣的钱拿到城市去消费，可以想见其中的差距及可能产生的潜在影响。省内高校分布的城市化现象虽然不存在全国范围内的高校招生指标分配不公平问题，但是，对于经济条件比较差、远离城市的农村子女来说，城市高水平的消费以及其他高昂的就学费用，无疑会加重他们接受高等教育的经济和心理负担。近几年来，“因学致贫”的现象时常见诸报端，这势必会影响到他们接受高等教育的决心和信心，使得农村学生原本就很少的高等教育机会更是雪上加霜。家庭背景是造成高等教育入学机会的城乡和区域差异的重要因素，而高校的区域布局在一定程度上则进一步扩大了这一差距。

高等教育布局不合理本已使家庭背景处于劣势地位的家庭子女在入学机会上处于不利地位，可是在我国现有的招生制度下，由于高考指标分配的不合理，使得这一差距又被人为地扩大。对于位于城市尤其是大城市的学生来说，如我们前面所述，他们本来已经拥有很丰富的教育资源，在高考的竞争中处于优势地位，而在高校的选择上可以说“优上加优”，远远高出那些位于农村和偏远地区的学生，而弱势群体的子女更加被置于接受高等教育的边缘地位。高等学校的这种布局现状，使本处于不利的地理位置和经济条件下的弱势人群，在获得就学机会方面，更加处于不利的境地。也就是说，在现实中，我国的教育资源和机会分布已表现出了很明显的“漏斗效应”。

本章小结

本章通过对影响高等教育入学机会的关键因素的分析，得出如下结论：

第一，我国在基础教育阶段实行的重点学校制度。重点学校制度强化了不同学校之间的差别，特别是重点学校过量地占有了有限的教育资源，强化了城乡之间的差异性。另外，从重点学校分布来看，重点学校大部分分布在城市和经济发达地区，这样就使得城乡和区域之间的教育差距又被人为地拉大了。对于家庭背景好的学生来讲有很大的优势，而家庭背景差和农村的学生享受到这种优质教育资源的机会很少。农村学生本来所接受的基础教育就比较差，在获得高等教育机会上处于弱势。

第二，在城乡教育方面，学校教育内容和高考内容的设置，城市化倾向明显。实际上，现在的教育是一种以城市为中心的教育体系，忽视了对农村的重视，不利于农村子女接受高等教育。

第三，新的高校招生制度强化了城市文化背景。由于家庭背景差和农村的孩子受各方面条件限制，综合素质相对较差，其获取高等教育入学机会是很少的。

第四，高校布局、高校录取名额的分配，在一定程度上强化了高等教育入学机会的差异状况。高等教育资源丰富和经济发展水平较高的省市，其考生接受高等教育的机会就多，反之则少。

第五，我国教育中的资金投入及高等教育中的学费政策，对贫困家庭子女接受高等教育产生不利影响。

第四章 解决高等教育入学机会差异性问题的思考

通过以上分析可以知道，不同家庭背景的子女在接受高等教育方面存在显著的差异。实际上，不同家庭背景的子女从出生之日起，在接受教育方面的差异性就已经开始。“幼儿教育基本上是在家庭中进行的，即便是托放在家庭以外的托儿所或幼儿园里，家庭环境对儿童社会化这一初期阶段所给予的影响，即便不是决定性的，也可以说是直接的和绝对的”，① “孩子出身的社会阶层越高，其智力发展越优秀；在社会阶层的诸多因素中，除了父亲的学历和职业之外，母亲的教育水准也有可能对孩子的智力发展产生极其密切的关系”，② 不同的家庭环境，不同阶层的家庭对幼儿智力发展所产生的影响是不同的。对于高阶层的家庭，他们的子女会接受更好的早期家庭教育，相应地智力也能得到较好、较早地开发，而对于低阶层的家庭，尤其是农村家庭的子女，由于家长的文化程度低而导致其家庭的文化氛围较差，他们所处的家庭教育环境是很不利的，基本上接受不到像样的早期家庭教育，这些家庭的孩子能接受到的真正的教育是他们进入小学以后的学校教育。对于他们来说，学校教育的作用显得更为重要，这也是他们接受教育的唯一途径。“机会均等

---

① 渡边雅男：《现代日本的阶层差别及其固定化》（陆泽军，等译），北京．中央编译出版社，1998年版，第158页。

② 渡边雅男：《现代日本的阶层差别及其固定化》（陆泽军，等译），北京．中央编译出版社，1998年版，第161页。

的原则意味着任何自然的、经济的、社会的或文化方面的低下状况，都应尽可能从教育制度本身得到补偿”。① “为了平等地对待所有人，提供真正的同等的机会，社会必须更多地注意那些天赋较低和出生于较不利的社会地位的人们。……，遵循这一原则，较大的资源可能要花费在智力较差而非较高的人们身上，至少在某一阶段，比方说早期学校教育期间是这样”。②

但是，由于我国教育资源配置在地区之间的差异，城乡之间以及重点学校和非重点学校之间存在着严重的不平衡性，致使低阶层，尤其农村学生所接受的学校教育的质量要远远落后于城市和重点学校的学生。这样，就更加拉大了由于家庭背景之间的差异而导致的子女之间在接受教育方面存在的差距。由此可以看出，低阶层，尤其农村家庭的子女在接受教育方面处于双重不利的条件之下。在基础教育阶段，不同家庭背景子女接受教育的差距已经拉开，而基础教育的不公平直接延续到高等教育阶段。可以说，高等教育入学机会不公平的根源之一是基础教育阶段教育机会的不公平。我们国家在追求教育公平的过程中，要尽力缩小这种不公平。美国杜鲁门总统所提出的关于高等教育的理想应当值得我们借鉴：“不管是在地区、州，还是在联邦一级，不要让财政困难阻止任何有能力的和其他有资格的年轻人接受高等教育的机会。花费在教育上的钱是国家最明智和最合理的投资，要让这种普遍认识在全国得到很好的发展。一个民主的社会不能容忍只有富人享有教育的机会”。③ 所以，有关部门和领导要充分认识到我国现存的教育不公平的严重性和重要性，并采取积极措施来缩小入学机会的差异性，努力提高弱势群体子女接受高等教育的机会。

① 查尔斯·赫梅尔：《今日的教育为了明日的世界》，联合国教科文组织，1983 年版，第 69 页。

② 约翰·罗尔斯：《正义论》（何怀宏，等译），北京．中国社会科学出版社，1988 年版，第 101 页。

③ 多纳德·E 海伦·安雪慧：《大学的门槛——美国低收入家庭子女的高等教育机会问题研究》（周玲译），北京．北京师范大学出版社，2008 年版，第 1 页。

第一节 继续扩大高等教育规模

高等教育规模的扩张是提高入学机会，缩小各个阶层子女接受高等教育机会差异性的前提。“没有足够的入学人数，就不可能提供更为平等的高等教育入学机会”。① 另有研究表明，在高等教育总体规模不断扩展的过程中，不同社会阶层子女的入学机会均有增加的趋势，但各阶层子女入学机会增加的速度却是不同的。在高等教育规模扩展初期，往往是高阶层子女获得了较多的入学机会，而低阶层子女的入学机会一般只有在规模扩展后期才有较为明显的改善。②“在教育发展的早期，扩张可能导致更大程度的教育不均等，只有在教育发展的后期，扩展才有可能降低给定层次教育达成之间的社会不平等”。③ “大学人数的增加主要是上中阶层家庭的学生比例的提高，他们几乎在所有地方都是首先享有新增加的任何类型和层次的教育机会”。④ 我国高校在这几年的扩招中，重点大学聚集了最大比例的优势阶层子弟，专科院校和民办院校聚集了很大比例的中间阶层子弟，扩大了的高等教育入学机会主要惠及中间及以上阶层的子女，而较少惠及农村子女及城市弱势群体家庭子女。所以，我国高等教育要继续扩大规模，提供更多的接受高等教育的机会，从而为缩小各阶层子女接受高等教育机会的差异奠定基础。那么，我国高

① 达瑞尔·刘易斯、哈利·丹达：《发展中国家高等教育的公平效应：入学机会、选择权与就读持续性》（谭敏译），载《国际高等教育研究》2008 年第 1 期，第 1 – 13 页。

② 杨莹：《台湾地区教育扩展过程中不同家庭背景子女受教机会差异之研究》，国立台湾师范大学博士学位论文，1988 年版，第 47 页。

③ 陆根书：《高等教育机会均等与社会平等：高等教育扩展的影响》，载《高等教育研究》1998 年第 4 期，第 50 – 54 页。

④ 马丁·特罗：《从精英向大众高等教育转变中的问题》，载《外国高等教育资料》1999 年第 1 期，第 1 – 22 页。

等教育的规模扩张的可能性有多大，下面我们对这个问题进行论述。

这些年来，我国高等教育发展迅速，高等教育规模在不断扩大。从前面的表 1.1 可以知道，截止到 2008 年，我国高等教育毛入学率已经达到 23.3%，每十万人口高等学校平均在校生数达到 2042 人，高中升入高等院校的比例达到 72.7%。这些数据标志着我国高等教育已经进入了高等教育大众化发展阶段，并且已经向着马丁·特罗教授所说的普及化方向迈进。尽管这几年我国高等教育规模增长很快，但是，我们的总体规模还比较小，这几年的增长实际上是在弥补过去招生规模过小的不足。表 4.1 给出了世界一些主要国家和地区大学生粗入学率对照表。

数据显示，我国的高等教育毛入学率不但低于世界平均水平，而且还低于世界低收入国家的平均水平，与世界高收入国家相比更是相距甚远。高收入国家 1990 年的高等教育毛入学率，比中国 2005 年高出 1 倍多，2005 年，世界高收入国家高等教育毛入学率则比中国高出 46.5 个百分点，高收入国家在 2005 年的平均高等教育毛入学率已达到 66.8%，表明这些国家三分之二以上的适龄人口可以接受高等教育。而世界头号发达国家美国接受高等教育的人口则是世界平均水平的 3.4 倍。

表 4.1　世界一些国家高等教育毛入学率对照表（%）

年份	世界	高收入国家	中等收入国家	低收入国家	中国	印度	日本	韩国	美国	巴西	法国	德国	英国
1990	16.2	46.8	12.6	5.2	2.9	6.2	30.7	39.1	72.4	11.3	39.7	32.1	30.2
2000	18.9	56.9	18.4	7.4	7.6	10.2	47.4	72.6	69.2	16.1	52.8		58.2
2001	25.6	65.8	22.4	9.8	12.7	11.4	49.2	84.7	81.4	18.2	53.6	48.7	63.6
2005	24.3	66.8	27.2	8.7	20.3	11.4	55.3	89.9	82.7		56.4		59.7

资料来源：1990 和 2001 年的数据来自于国际统计年鉴 2005，2000 和 2005 年的数据来自于国际统计年鉴 2008. 中国统计出版社

中国从1990到2005年间，高等教育毛入学率增长了17.4个百分点，仅仅低于高收入国家20个百分点的增长幅度，比中等收入国家14.6个百分点和低收入国家3.5个百分点的增长幅度大很多，这说明，我国高等教育增长的速度是很快的。但是，由于我国高等教育历史发展不足，起点很低，1990年高等教育毛入学率仅为2.9%，约相当于低收入国家的一半，中等收入国家高等教育毛入学率的个位数。尽管增长率很高，但是，经过十多年的发展之后，也还没有赶上中等收入国家27.2%的水平，更不能与高收入国家相比。我们在取得进步的同时，高收入国家也同样在进步，而且增长幅度还要高于我们。从这里可以看出，我们与高收入国家之间的实际差距远远比数字表现出来的差距更大。

到2008年我国仍有70%以上的适龄青年没有机会接受高等教育，考虑到我国是一个人口大国，这个绝对数量是非常庞大的。在我国，无论是高等教育毛入学率还是接受高等教育青年人的绝对数量都是远远不够的。从每年的高考报名人数来看，虽然在逐年增加，但仍有数量不小的适龄青年不能接受高等教育。比如，广东省教育考试院发布的消息称，广东2008年高考人数再创历史新高，首次突破60万人，达到61.4万人，但只有近38万考生可被高校录取，其中普通高考生57.7万人，比去年增加6.7万人，今年仍将有超过20万考生面临落榜的命运。中国人口大省河南省2008年普通高考全国统考类考生共90.5万人，而去年是79.1万人，再加上正在推荐的专升本考生和对口生，考生总数将近100万，再创历史新高并居全国之首，但录取率仅有42%。① 所以说，不管是从经济社会发展的角度，还是从广大青年对高等教育的需求来看，我们发展高等教育的空间非常大，而且还必须不断扩大规模来解决适龄青年接受高等教育的问题。

① 《今年广东高考继续扩招》，2008年4月11日《南方日报》，第A04版。

第二节　提高基础教育质量，促进中学教育均衡发展

高等教育规模扩张只是为缩小各个阶层接受高等教育的差异性，为实现高等教育公平提供了可能，并不必然实现教育公平。“这种规模扩张的政策只是促进高等教育入学机会均等的必要条件而非充要条件”，① 因为还有很多其他条件、因素等影响着高等教育公平性的实现，基础教育的发展状况就是其中之一，基础教育尤其是中学教育的质量与特点是影响高等教育入学机会的重要因素。高等教育所培养的人才是从中学生中选拔而来的，中学教育的发展状况对高等教育的发展起着至关重要的作用。从第二章第一节的调查数据分析知道，对于城市重点高中的学生来说，上大学是比较容易的事情，考不上大学才不正常；但是对于农村及低阶层家庭的子女来说，接受高等教育的机会很少，即使有的话，也主要集中在高职高专类院校。其中一个重要原因是，他们所接受的中学教育质量很低，有些学生根本没有机会接受高中教育，所以在激烈的高考竞争中，其劣势地位是很显然的。

我们国家在教育资源配置上是很不平衡的。弱势群体，尤其是农村子女所接受的基础教育质量较差，有些在小学或初中就已经辍学，一部分人即使能够接受高中教育，也是质量较低的教育。要提高这些群体子女的高等教育入学机会，就必须提高他们所接受的基础教育的质量。这就要求，在教育资源配置上向农村和弱势群体倾斜。这不仅是一个认识问题，更重要的是要付诸实施的实践问题，需要各级政府通过有效的公共政策，来促进基础教育的均衡发展，努力缩小客观存在的各种教育和社会差距。

---

① 达瑞尔·刘易斯、哈利·丹：《达发展中国家高等教育的公平效应：入学机会、选择权与就读持续性》（谭敏译），载《国际高等教育研究》2008 年第 1 期，第 1－13 页。

十分可喜的是，政府已经认识到这些问题，并已着手进行改进。从 2006 年开始，将农村中小学公用经费纳入公共财政保障范围，中央和地方财政按照分担比例每年不断提高农村中小学公用经费保障水平。2009 年中央财政已提前预拨了春季学期各省区农村中小学公用经费中央财政转移支付资金 178.47 亿元，农村义务教育阶段中小学生均公用经费的基准定额标准已达到中西部地区小学生均 300 元/年，初中生均 500 元/年；东部地区小学生均 350 元/年，初中生均 550 元/年。①

2009 年 3 月 5 日，国务院总理温家宝在第十一届全国人民代表大会第二次会议上所作的政府工作报告中指出，坚持优先发展教育事业。今年要研究制定国家中长期教育改革和发展规划纲要，对 2020 年前我国教育改革发展作出全面部署，年内要重点抓好五个方面。第一点就是促进教育公平，落实好城乡免费义务教育政策，提高农村义务教育公用经费标准，把小学、初中学生人均公用经费分别提高到 300 元和 500 元，逐步解决农民工子女在输入地免费接受义务教育问题，增加农村义务教育阶段家庭经济困难寄宿生的生活补助，争取三年内基本解决农村“普九”债务问题，完善国家助学制度，加大对中等职业学校和高等院校家庭经济困难学生的资助。使人人享有平等的受教育机会，不让一个孩子因家庭经济困难而失学。② 我们有理由相信，在政府的大力支持和政策引导下，农村中小学办学条件将得到较大改善，农村义务教育质量也将得到提高，教育公平问题是有希望得到解决的。

---

① 《中央财政提前预拨农村中小学公用经费 178 亿》，[2009-03-45]. http://news.sina.com.cn/c/2009-03-04/202117336463.shtml.

② 《温家宝：提高 1200 万中小学教师待遇》，[2009-03-05]. http://www.sina.com.cn.

第三节　大力发展高等职业教育

我们第二章的调查数据表明，低阶层学生，尤其是农村学生接受高等教育的机会很少，而且这些少有的教育机会还是主要集中在一般本科高校和高职高专类高校。这种情况在世界其他国家也同样存在。世界各国的教育发展实践证明，社会经济地位处于劣势的阶层在教育机会方面都不同程度地处于劣势地位。即使是在高等教育发展水平很高的美国也不例外，调查数据显示，美国 1970 年家庭收入最低的学生和家庭收入最高的学生之间的入学比率相差 32 个百分点。在 1997 年，尽管各收入阶层家庭的入学率都有所提高，但是收入最低的家庭的学生和收入最高的家庭的学生之间的入学比率仍然相差 32 个百分点。从学习过程来看，在 1998 年，来自社会经济地位最低的家庭的学生中，仅有 6% 获得了学士学位，而社会经济地位高的家庭的学生获得学士学位的比率是 40%。①

但是，我们国家的情况又有所不同。在美国虽然各个阶层之间在接受高等教育机会方面存在差异，但是，美国有大部分的青年人都有机会接受高等教育，哪怕是低层次的社区学院。而我们国家目前的高等教育毛入学率还不到 30%，也就意味着有 70% 以上的适龄青年没有接受高等教育的机会。因此，我们目前需要解决的不是各个阶层在接受相同质量的高等教育机会的平等问题，而是要让 70% 以上的适龄青年能够接受高等教育的问题。否则，我们不但达不到实现教育公平的目的，反而会使城乡和各个阶层之间接受教育机会的差距会越来越大。

基于上面的认识，我们可以采取有效的措施来解决这个问题。

① 多纳德 · E 海伦 · 安雪慧：《大学的门槛——美国低收入家庭子女的高等教育机会问题研究》（周玲译），北京．北京师范大学出版社，2008 年版，第 14 页。

其中一个很重要的途径就是大力发展高等职业教育。从第二章第一节对调查数据的分析知道，农村和弱势群体家庭的子女在高职类高校就学的机会较多，无疑，继续发展高等职业教育对提高这些群体子女高等教育的机会大有裨益。在大力发展高等职业教育的时候，我们应该借鉴美国的经验，使高职教育向着有利于农村和弱势群体家庭子女的方向发展。

表 4.2　1999－2007 年我国本科与高职高专院校数统计

年份	高校总数（所）	本科（所）	高职高专（所）	高职高专占总高校数的比例（%）
1999	1071	597	474	44.2
2000	1041	599	442	42.46
2001	1225	597	628	51.27
2002	1396	629	767	54.94
2003	1552	644	908	58.5
2004	1731	684	1047	60.5
2005	1792	701	1091	60.9
2006	1867	720	1147	61.4
2007	1908	740	1168	61.2

资料来源：教育部网站 http：//www.moe.edu.cn 中 1999－2007 年全国教育事业发展统计公报。

近年来，我国的高职院校数量增长很快。表 4.2 给出了我国 1999－2007 年高等学校的统计数据。从数据可以看出，1999 年以来我国高等学校的数量增加很快，其中，8 年间高校数由 1071 所增加到 1909 所，增长率为 78.2%，而在增加的学校中，高职高专学校增加的更快，由 1999 年的 474 所增加到 2007 年的 1168 所，增长率为 146.4%。从高等学校本科和高职高专的比例来看，高职高专所占高校的总数在逐年增加，截至到 2007 年 5 月份，已占高校总数的 61.2%。我国高等教育在借鉴其他发达国家和地区发展的经验的基础上，把大力发展职业教育作为我国高等教育的重点之一。这符合国家提出的“合理调整教育结构，重点加强职业教育”的目标。①同时，高职高专院校的入学门槛与重点大学和普通本科院校相比较低，这也为在高考中竞争实力较弱的低阶层子女在接受高等教育方面提供了更多的机会。

但是，我们应该看到，我国在发展高等职业教育时，还有一些需要解决的问题。这些问题主要有：

第一，高职高专院校在地理分布上依然没有改变我国高校布局上的大城市倾向。从第三章第四节表 3.9 广东省 2005 年普通高校的分布状况可以看出，广东的高职高专院校有 86.15% 都分布在经济社会发展水平较高的珠江三角洲地区。表 3.10 广东省 2007 年高校分布状况与表 3.9 的数据相比发现，从 2005 年到 2007 年，广东的高职高专院校增加了 7 所，而其中的 5 所设置在“珠三角”地区。如果说高校分布的大城市倾向是历史遗留问题，那么在高等教育大发展的新时期，这种状况依然在重复发生，却没有改变的迹象，是值得深思，并亟待解决的问题。

目前，我国大部分高校设立在大中城市，城市的消费水平远远高于城镇和乡村，而农村的经济收入又远远低于城市。以广东为例，2006 年广东城镇居民平均每人全年总收入为 12719.19 元，而农村居民家庭平均每人纯收入为 3587.04 元，② 在农村挣的钱去应付城市中的高消费，可以想象其经济的拮据状况。有研究表明，“对入学机会影响最大的经济因素并不是学费，而是入学后的其他个人消费，就近入学很明显可以将这种额外消费降至最低。波兰的许多研究发现，如果全日制学生就读学校远离家庭所在地，那么其父母的负担十分繁重，甚至要支出家庭收入的四分之一以上。另一方面，如果子女

① 温家宝：《大力发展中国特色的职业教育》，载 2006 年《中国教育年鉴》，第 7－11 页。

② 中华人民共和国国家统计局编：《中国统计年鉴－2007》，北京．中国统计出版社，2007 年版，第 347、368 页。

住在家中，其父母可以‘以物代款’，这就降低了许多与大学学习相关的费用，其支出大概占家庭预算的6%左右”。① 美国的社区学院可以为我们提供借鉴。美国的社区学院为大量低收入阶层提供了一定的入学机会，这些学院大多设立在社区之内，为学生节省了除学费之外的其他方面的开支。

我国的高职高专院校，尤其是新建院校，在地理分布上，应该摆脱大城市倾向，要考虑到尽量设在中小城市。这样能够为经济困难家庭的学生节省一大笔开支，从而增加那些来自于经济困难家庭学生接受高等教育的机会，还能避免这些学生因所接受的中等教育质量远远低于城市和经济发达地区而在高考竞争中所处的不利地位。同时，在中小城市设立高等学校，以职业技术教育为主，可以满足欠发达地区适龄青年接受教育的要求需求。菲律宾的学者研究表明："如果不考虑学生所处的社会经济阶层，附近地区缺少中学后教育机构也会制约相当一部分人的高等教育入学机会”。②

所以，大力发展高等职业教育，并尽力解决其发展过程中所存在的问题，对于提高农村和欠发达地区学生的高等教育入学机会，尽快实现教育公平具有非常重要的作用。

第二，我国高职院校的学费高于重点大学和一般本科院校。低阶层尤其是农村的子女在高职院校就读的机会相对较多。但是，在学费方面，高职高专反而要高于重点大学和一般本科院校。这无疑增加了低阶层尤其是农村的子女接受高等教育的经济负担。而美国的情况则相反，美国的社区学院的收费较低，所以，能够在美国的高等教育大众化过程中起到重要作用，并为低阶层子女接受高等教育提供更多的机会。

---

① 达瑞尔·刘易斯、哈利·丹达：《发展中国家高等教育的公平效应：入学机会、选择权与就读持续性》（谭敏译），载《国际高等教育研究》2008年第1期，第1–13页。

② 达瑞尔·刘易斯、哈利·丹达著：《发展中国家高等教育的公平效应：入学机会、选择权与就读持续性》（谭敏译），载《国际高等教育研究》2008年第1期，第1–13页。

在我国，为了解决低阶层尤其是农村学生接受高等教育的经济困难问题，首先要在学费方面给予优惠，降低学费标准，这需要政府加大对高职院校的投入。建设一流大学是我国高等教育发展的长期目标，为了实现这一目标，国家在财力上进行了大量投入，比如每年为“985”高校和“211”高校投入大量的资金，支持这些学校的建设和发展。而在教育资源有限的情况下，相应地对其他学校的投入就会减少，因此就出现了对重点高校的投入要高于一般高校，尤其是要高于高职高专院校的情况。建设一流大学的必要性是毋庸置疑的，但是，我们是否也应该考虑到在我们国家还有那么多的年轻人没有学上的情况下，一味地对重点大学加大投资是否公平、合理。处在高等教育大众化发展阶段的我国高等教育不应该是仅仅培养精英，还要让更多的人能够有机会接受高等教育。因此，政府要调整对高校的投资结构，加大对高职院校的投资比例。

第三，高职院校的办学特色还有待加强。这些年来，我国的高职院校发展迅速，对提高弱势群体尤其是农村子女接受高等教育的机会具有积极意义。但是，从我国的高等教育发展方向来看，几乎所有高等学校都在朝着办成一流大学的方向努力，都在按精英高等教育机构的模式来办学，显示出高等教育结构的趋同化，这与高等教育大众化的发展方向相违背，与世界各国的高等教育发展趋势相违背。因此，必须要调整我国高等教育的结构，特别是根据国家经济和社会发展对各层次人才的需求，协调发展我国各层次的高等教育。其中，通过大力发展适合弱势阶层就读的技术学院，要让学生在受教育过程中，逐步形成脚踏实地、一步一步奋斗的价值观念。①在特色办学方面，我国已经有成功的先例，比如，湖南的吉首大学就是根据自己是少数民族聚集区这一特点进行办学，学校为湖南西部的少数民族地区培养了大批的毕业生，其中，县级官员50%以上

---

① 《大众化的高等教育要立足社区》，[2007－05－24]. www. jyb. com. cn.

是吉首大学的毕业生，地级官员40%是吉首大学的毕业生，中学老师、小学教师基本上是吉首大学的毕业生。① 在该校已培养的50000余名各类高级应用型人才中，据自治州2006年7月不完全统计，分布在自治州各行各业的有30000余人。吉首大学毕业生占全州各类学校教师总数的60.87%，占全州行政事业单位科级以上干部的45%，占全州处级干部的45.4%。学校开发的美味猕猴桃“米良1号”被国务院扶贫办列为扶贫开发项目，在自治州的种植面积达10万余亩，猕猴桃研究成果的产业化帮助湘西近10万农民摆脱了贫困。吉首大学成为名副其实的湘西人民的大学，在促进湘西经济社会发展中发挥了主体性作用，被原国务院总理朱镕基誉为“湖南的骄傲”。② 这所地处湖南省湘西土家族苗族自治州州政府所在地吉首市的吉首大学的办学实践，为我们建立地方高校提供了很好的借鉴作用。

第四，高等职业院校入学的开放性不够。目前，我国大部分高等职业院校的学生是经过全国统一高考而选拔出来的。学生们还没有实现不通过考试，“想上就能上”的目标。当然，近年来，我们国家在高职类院校开放入学方面也在不断进行尝试。教育部副部长赵沁平曾指出，高考改革的一个方向是要逐步放开专科、特别是高职招生，最终目标将是不通过考试，实现“想上就能上”。目前，上海和北京已经开展了这方面的探索，在多个高职院校试行自主招生，其他一些主要省份，也在根据实际情况逐步开展探索。比如，2007年起，全国已经有8所示范性高职院校开展单独招生改革试点，试点院校单独组织文化考试及考核，被录取考生无须再参加高考。但现有规定要求招生人数不超过本校计划总数的10%，可见改革的范

① 潘懋元：《中国高等教育的定位、特色和质量》，载《中国大学教学》2005年第12期，第4－6页。

② 别敦荣、郝进仕：《论我国高等教育地方化和地方高等教育发展战略》，载《高等工程教育研究》2008年第1期，第54－60页。

围和力度还比较小。考虑到改革涉及政府和个人在教育中的投入问题，要完全实现这种转换还会需要很长的一段时间。

有关大众化阶段高等教育如何发展的问题，乔治·白瑞德（George Bereday）曾做过经典的研究，他指出，在大众化高等教育的发展历程当中："第一，放开招生，数量上迅速增长不会必然导致质量上的下降，只会在短时期内出现质量问题。第二，高校招生人数不必与经济发展所能容纳的人数紧密挂钩，因为大众化高等教育会刺激各种就业岗位的持续增长。第三，大众化高等教育的一条基本原则是开放性，即所有的人都需要终身接受教育。就给各类人员提供受教育机会而言，与其说大众化高等教育是一种平均主义的教育，不如说它是一种补偿教育"。[①] 这个研究成果对于今后如何进一步推动我国高等教育大众化的进程有着重要的借鉴意义。

第四节　重点解决农村子女接受高等教育的问题

从第二章的调查数据可知，我国城市学生和农村学生在家庭背景和所接受的高中教育质量方面都存在显著的差异，从而导致了他们在接受高等教育机会方面的显著差异。我国高等教育入学机会的最大差异体现在城乡之间，即农村学生和城市学生在接受高等教育机会方面存在的差异最大，农村家庭的子女在接受教育方面处于显著的不利地位。而且农村有大量的适龄青年根本没有接受高中教育的机会，更谈不上接受高等教育。从目前的情况来看，城乡之间的差异是不可能在短期内缩小的。

一项全国教育科学"十五"规划国家重点课题研究成果表明，

---

① 许美德：《中国大学 1895 - 1995：一个文化冲突的世纪》（许洁英主译），北京．教育科学出版社，2000 年版，第 294 页。

我国教育差距的严重程度和拉大的速度在许多方面比经济的差距更大、更明显。课题组以北京、天津、上海3个城市的平均数作为东部水平的代表，以广西、贵州、云南、甘肃和青海5省区的平均数作为西部的代表，通过对居民消费支出与教育支出的比较发现：东部3市与西部5省区农村居民人均消费水平的差距从1995年的2.8倍扩大到2002年的3.73倍，而同期的农村人均教育支出的差距则从3.71倍扩大到了3.88倍。从城乡差距来看，同期东部3市城乡居民人均消费水平的差距从1.9倍扩大到了2.34倍，而城乡居民人均教育支出的差距则从1.87倍扩大到了2.97倍。西部5省区的类似差距拉得更大，生均预算内教育经费的差距也被拉得很大。1995年至2002年，东部3市与西部5省区小学生均预算内教育经费的差距从3.23倍扩大到了3.85倍，普通初中生均预算内教育经费的差距从2.65倍扩大到3.39倍。①

可以看出，农村与城市之间的差距是相当大的。农村学生接受教育的机会，尤其是接受高等教育的机会是很少的，农村人口的整体文化素质也是十分低的。在中国城市化的进程中，农村被远远抛在后面。“作为工业化产物的西方都市是经济中枢，与内地经济是密切联系，相互发展的，但中国城市却不是从内地经济的发展中成长起来的，只是把农村的财富吸纳到城市，并不促进农村的发展”。②改革开放30年来，我国农村人口付出了很大的努力，为中国经济高速发展奠定了基础。如今城市经济社会已经初显繁荣，而城乡发展失衡现象却越来越严重，农民从整体上成为从中国经济高速发展中分享成果最少的一个庞大群体。这其中就包括教育，尤其是高等教育。在我国高等教育大发展的历史进程中，农村人口不能从中得到

---

① 《调查显示我国教育差距严重程度大于经济差距》，[2005－06－03]. http：//www. sina. com. cn.

② 费孝通：《中国绅士》，北京. 中国社会科学出版社，2006年版，第67－70页。

应有的回报，农村的教育水平是十分落后的，教育资源极为匮乏，而处于优势地位的阶层却拥有着丰富的教育资源，这是很不公平的。对于一个在世界上称得上教育大国，并向教育强国迈进的中国来说，绝对不能容忍城乡和区域发展失衡的局面再继续下去。

我国的城乡差距主要指经济文化发展的差距，这种差距在逐渐加大，而其直接原因则是农村人口自身知识的匮乏和落后，农村人口的愚昧、贫穷和痛苦。从教育与经济的关系来看，经济的发展水平制约着对教育的投入，从而影响教育的发展水平，而教育的落后反过来又会制约经济的发展水平。农村当前的经济落后和教育滞后的局面，该如何面对？如果等到农村经济发展水平达到一定程度以后再去大力发展教育，那么农村和城市的差距将会越来越大，这将对中国的经济、社会发展带来极大的隐患。因此，在倡导和谐社会的今天，农村教育的发展问题再一次引起了人们的高度重视。这一节我们将对农村教育所面临的困境作进一步的分析，并在此基础上提出解决农村子女接受教育，尤其是接受高等教育机会的对策建议。

一、农村人口的整体文化素质低

表4.3给出了2006年我国农业从业人员数量及构成。从表中数据可以看出，全国农村从业人员中，30岁以下的占了20.2%，40岁以下的占了49.7%，表明农村从业人员有将近一半的人比较年轻。从农村从业人员的文化程度构成来看，在所有从业人员中，高中以上文化程度的仅有4.3%，而小学以下文化程度的却占了50.6%，这其中有9.5%的人员处于文盲状态。把农业从业人员的年龄和文化程度进行对比分析，可以看出，农村有相当一部分年轻人的文化程度相当低。说明即使是在我国教育发展走上正规以后，农村成长起来的新一代人连最基本的九年制教育都没有完成，更别提接受高一级的学校教育了。

表 4.3　2006 年全国农业从业人员数量及构成

从业人员状况		全国	东部地区	中部地区	西部地区	东北地区
农业从业人员数量（万人）		34874	9522	10206	12355	2791
农业从业人员性别构成（%）	男	46.8	44.9	45.7	48.6	49.7
	女	53.2	55.1	54.3	51.4	50.3
农业从业人员年龄构成（%）	20 岁以下	5.3	4.2	4.9	6.4	6.4
	21－30 岁	14.9	13.5	13.8	16.5	17.2
	31－40 岁	24.2	22.0	24.5	25.3	25.4
	41－50 岁	23.1	25.0	23.5	20.6	25.3
	51 岁以上	32.5	35.3	33.3	31.2	25.7
农业从业人员文化程度构成（%）	文盲	9.5	7.7	8.9	12.8	2.9
	小学	41.1	38.5	37.0	47.0	39.0
	初中	45.1	48.8	49.2	36.7	54.6
	高中	4.1	4.8	4.7	3.3	3.2
	大专及以上	0.2	0.2	0.2	0.2	0.3

资料来源：国务院第二次全国农业普查领导小组办公室，中华人民共和国国家统计局．第二次全国农业普查主要数据公报（第二号）．http：//www.stats.gov.cn/tigb/qgnypcgb/t20080222－402463937.htm.

表 4.3 所反映的农业从业人员的文化程度偏低的状况令人担忧，而更令人担忧的是，这种情况在农村新的一代人中仍存在或将出现。在农村，学生早早辍学的状况依然存在，并且有愈演愈烈之势。以 2004 年的数据为例，2004 年，全国农村初中辍学率达到 3.55%，比全国平均水平高近 1 个百分点，其中西部地区农村高达 4.64%。据教育部对 60 个县初中学生辍学情况的监测显示，一些县初中辍学率高于 7%，个别县甚至达到 10% 左右。更值得关注的是，全国的平均数往往掩盖了一些地方农村地区辍学率较高的现象。① 这种状况如果继续发展下去，农村人口的文化素质如何提高？在我们大力发

① 《周济：农村学生辍学等现象使义务教育面临新挑战》，［2006－04－27］．http：//news.xinhuanet.com/politics/2006－04/27/content_4484677.htm.

展教育的时候，为什么农村还有那么多学生辍学呢？有研究表明：导致农村中小学生辍学的深层次的原因为："第一，教育政策的不公平；第二，以城市为基准的大学分数线的划定，加剧了农村学生辍学的现象；高校毕业生自主择业政策的出台，使农村'剩余知识分子'大量存在"。① 这些学生本来就接受着质量较差的教育，而在这种情况下，当他们看到升学无望，以及即使考上大学也难以就业时，就有了辍学的念头，与其在学校读书，不如出去打工，早点挣钱。这些人无论是留在农村还是转移到城镇，都难以适应经济建设的需要。看得更长远一些，这些人的文化程度低，会直接影响到他们的子孙后代接受教育的情况。可见，农村人口文化素质的提高依然是一个很严峻的问题。如果不加以尽快解决，将对中国总体的人口素质产生非常长远的不利影响，我们必须要从教育着手。这一代人已经因为没有受到应有的教育而悔恨，千万不要让他们的后代再吃同样的苦头，所以一定要采取一切措施解决农村的教育问题。

二、通过对一家企业员工的调查情况看农村的教育状况

1. 调查情况介绍

我们所调查的这家企业位于"珠三角"地区，是一家劳动密集型企业。截止到 2008 年，企业拥有员工 1800 多人，年产值 4.5 个亿，在这些员工中，有 95% 以上是产业工人，他们大都来自于农村。我们主要通过对一些产业工人的访谈来了解他们所接受的教育状况。访谈的主要内容包括打工前的受教育状况和培训情况、个人对关系自身利益的法律法规的认知、对个人卫生和生活常识等知识的了解、外出打工的感受及对学习的意见等方面。由于在访谈过程中，是以

---

① 《张淑清．对农村中小学生辍学问题的研究》，［2007－03－02］．http：//www. studa. net/jichu/070302/16023086. html.

一个普通打工者的身份与这些人接触，因此受访者基本能够坦诚地表达他们的意见和感受等。我们共访谈了 32 名工人。这些工人的年龄在 18 ~25 岁之间。

2. 访谈结果分析与讨论

第一，受访者的家庭背景和受教育程度。我们所访谈这 32 名工人全部来自于农村，家庭经济状况较差。具有初中毕业和技校毕业学历的有 21 人，占 65.6%，具有高中学历的有 5 人，约占 15.6%，其余的是初中以下文化程度。

第二，受访者出来打工的原因。通过对具有高中毕业学历的几名工人的访谈知道，他们都在高中复读过，但是由于学习成绩不好，高考的竞争很激烈，考大学的希望很渺茫，又加上家庭的经济负担较重，也就放弃了高考这条道路。从主观上来说，他们很希望能接受高等教育，可是由于看到高考无望才放弃的。高考升学对于农村学生来说是脱离农村，向上流动的重要途径，也可以说是唯一的途径，如果这条路走不通，那只有选择出来打工来改变命运了。当我们问及他们没有考上大学是否遗憾时，他们的回答是肯定的，同时，他们也有一种宿命论的观点，认为自己就不是读书的料，没有能力接受高等教育，所以放弃也是对的。

对于初中毕业的工人的访谈也得到了大致相同的结果，他们也是学习成绩不好，对学习不感兴趣，认为自己没有能力继续读下去才提前结束学校教育而外出打工。通过访谈，我们可以看出，这些农村孩子接受教育的目的就是参加高考，当学习成绩较差，没有升学的希望时，也就放弃了学业，外出打工去了。当然，也有一些学生在对升学失去信心时，想通过技校的学习来增加一些技能，为将来能够外出打工做更好的准备。在当地技校学习，学习费用较低，日常花费等也可以在他们父母的承受范围之内。

第三，受访者所接受教育的实际情况。当问及他们所接受的学校教育对他们现在所从事的工作是否有用时，他们的回答是作用不太大。当初所学知识都主要是教材中的一些知识，这些知识也主要是应对考试的，所以对于实践操作意义不大。另外，他们所从事的工作是劳动密集型的，性质比较单一，这决定了以他们的学习基础也都能够胜任自己所承担的工作。一些即使上过技校的人也认为自己在学校没有学到什么东西，技校的学制是二到三年，在学期间，他们主要通过课堂学习了一些书本上的知识，实践技能的培养方面很少，学校课程中所设的实习环节基本上是形同虚设，学校让学生自己想办法解决，学生只需要交完学费即可。造成这种状况的主要原因是，学校没有财力、物力和人力投入到这些花费大的环节中。而实际上，这些工人中有一些已经掌握了熟练技术，他们进厂后通过对自己所从事工种的钻研，很快掌握了必要的技术，并在具体工作过程中表现出一定的创造力。有一个技校毕业，现已经做到所在工序的主管的受访者，在谈及个人的学习和工作时提到，当年在老家时，学习成绩不好，就读了技校，然后出来打工。在工作过程中，通过不断努力，提高了自己的技能，他在产品设计和制备方面所表现出很强的能力，但由于没有接受高等教育，所以在专业基础知识方面有较大缺陷，这样也限制了他进一步的发展。假如他当初有机会接受高等教育，也许未来会有一个更大的人生舞台。

第四，受访者对目前状况的感受和对未来的规划。对受访者来说，他们都承认现在所处的环境比自己的家乡好很多，特别是与在家乡微薄的经济收入相比，现在的收入已经很不错了。当然，这种不错的收入可能仅仅比他们打工所在地的最低生活线稍高而已。所调查的绝大部分受访者，都没有太长远的计划，他们也很想在城市落户，但是，根据他们可预见的收入情况是不可能在打工地安家落户的。也许哪一天，挣到一些钱以后，他们就会回到家乡。

3. 调查结论

通过对企业工人的调查，我们可以得出以下一些结论。第一，在农村有大批的年轻人没有接受完整的中学教育。从我们所调查的该企业的工人来看，很多人是来自于农村，在升学无望的情况下，外出打工，寻求改变命运的另一种途径。可以看出，仅仅从高中毕业生升学的情况还不能完全反映农村学生在升学方面与城市学生的真正差异，农村有一大部分青年人根本就没有机会就读高中。从这个意义上来说，在接受高等教育方面城乡差异更大。第二，在高考指挥棒的影响下，农村孩子在看到高考无望时，也就放弃了接受教育的信心和决心。目前，我国的基础教育无论是农村还是城市，基本上是围绕着升学来进行。教育的“升学”模式，为社会各行各业培养和输送了大量的人才，促进了社会的发展，同时，对加快农村教育发展，也有着重要的意义。这种“升学”模式为实现农家子弟和城市学生享受教育资源的公平方面奠定了一定的基础，但是，这一模式在客观上无形地抑制了农村教育的多元化发展，使得农村教育长期以来陷入“升学教育”、“离农教育”、“学非所用”的怪圈。农村教育与农村社会经济建设相脱节，农村所需要的人才长期得不到有效培养和供给，而一旦升学、“离农”无望，上学在他们的眼中便不再具有任何意义，反而成为一种浪费。他们中的很多人是高考的失败者，落榜之后，除了部分青年到城市打工以外，更多的是留在农村，由于他们所学的知识都是与高考相关的，与农村的经济发展和建设基本没有什么关系，因此，他们所接受的教育也就变成了空洞的教育，一切围绕高考进行使得农村地区的学生所学内容，除了用于参加高考以外基本别无他用。这种教育制度忽视了农村教育的独特性，忽视了现行农村的基本乡情的做法必须得到改正。①

三、农村所面临的双重贫困不利于当地教育的发展

农村发展同样需要人才。对于农村来说，多培养人才再反过来推动当地经济社会的发展，这是很多人在这一问题上的共识。但是，在目前的情况下，农村的发展，包括教育的发展仍然面临着人才短缺的问题，农村人才流失的问题是制约农村发展的重要因素。不仅其他地区的大学毕业生不愿意到农村工作，就是从当地考出去的数量不多的大学生，毕业后也不愿意回到家乡工作。

我们对一个县级市近年来升入大学以及毕业学生回乡就业的情况进行了调查（如表 4.4 所示）。

表 4.4　所调查县级市考上大学的学生数与回乡就业人数统计

年份	考上本科人数（人）	本科毕业回乡人数（人）	考上专科人数（人）	专科毕业回乡人数（人）
2000	369		259	
2001	508		972	
2002	472		572	
2003	728	28	1300	268
2004	1038	39	1394	278
2005	1029	49	974	274
2006	945	98	931	415

从表中可以看出，所调查地区每年考上大学人数与毕业回乡就业人数之间形成了很大的反差。其中，本科的反差比专科的反差更大。由于本科学习年限一般为四年，对比考上大学人数和毕业回乡

① 《张淑清. 农村中小学生辍学问题的研究》，［2007－03－02］. http：//www. studa. net/jichu/070302/16023086. html.

人数可知，回乡工作的本科毕业生人数 2004 年和 2005 年仅约为 10%，2006 年提高到约 20%；专科回乡比例较高，如果把专科年限定为三年，则回乡工作的比例约为 30%。这两组数据反映出，每年高校毕业生回乡工作的人数都很少。而那些没有回乡的大学生大部分都是毕业后留在经济发达地区了，这种反差表明了人才由欠发达地区向经济发达地区流失的趋势。对于农村经济发展来说，这事实上反映出一个尴尬的现实，即考上大学学生越多对当地的经济损害越大，当地的经济社会发展得到的实惠越少。因为即使抛开基础教育阶段的教育投入，仅在供给这些大学生在外就读期间的消费上也是一笔很大的数字。在此，甚至可以用一个灰色的假设来看待这个人才外流，假如这些人不是考上大学而是外出打工，那么他们每年的打工收入也会对当地的经济做出一点贡献。尽管在这个问题上我们可以安慰自己要用长远眼光看待，也许家乡发展好了他们会回来的，但是现实是城乡之间的差距在进一步拉大，到什么时候家乡才能具有吸引力呢？

农村人才的匮乏已经成为阻碍农村经济发展的重要因素，政府也意识这个问题的严重性，并开始着手解决。中央组织部等部门决定从 2008 年开始，用 5 年时间选聘 10 万名高校毕业生到农村任职，这对于培养建设社会主义新农村骨干力量，造就经过基层实践锻炼、对人民群众有深厚感情的党政干部后备人才，具有重大而深远的战略意义。这也同时说明了农村学生毕业以后不愿意回家乡工作的现实状况。农村学生本来进入高校的机会就比城市学生少，而这些学生又不愿意回到家乡，因此就产生了一种更加悲剧性的趋势：农村学校提供的教育质量越好，给当地社会带来的损失越大。因为这会客观促进学习成绩好的学生进入有大学的城市，而不再从城市返回农村。这种趋势成倍地强化了一种明显的社会心理现实：多数学生个人生活的策略没有立足于家乡的复兴。①

我们再以农村中小学教师队伍建设为例来做进一步说明农村人才匮乏的状况。教育部一项名为《农村中小学教师队伍建设对策研究》的研究课题表明，由于近年来补充“新鲜血液”严重不足，加上中青年骨干教师流失严重，5 年后全国农村教师队伍自然减员将达到高峰，面临断层危险。调查显示，在样本涉及的 22 个省份的 553 所农村小学中，每年新补充的教师总共只有 200 多人，而在 215 所农村中学中，由高校毕业生新补充的教师每年每个学校平均 1 人，占全体教师的比例很小。如山东省淄博市教育局的一份调查表明：全市农村小学有专任教师 10834 人，40 岁以下的 4227 人，占总数的 39%，40 岁以上的 6607 人占总数的 61%。分析认为，造成中间断层的原因还在于年富力强、教学业务成熟的教师多被城市和高一级学校挖走，即所谓“抽水现象”。以武汉市 7 个郊区的农村学校 2005 年区域内的教师流动为例，调出 534 人，总数远远大于调入的 119 人，而且调出的基本是 30 岁至 40 岁之间的骨干教师。② 可以看出，听任欠发达地区继续贫穷下去，只会使这些地方愈发贫困。所以，必须采取措施通过改善环境、发展经济、提高文化氛围来为欠发达地区创造发展空间。

教育是从根本上解决农村的贫困问题的一个重要途径。教育是一个影响深远的事业，其将影响到几代人。各级政府要把农村教育的发展，提高农村子女接受教育，尤其是高等教育的机会作为教育改革和发展的重点。如果他们能够接受一定程度的教育，不但对他们以后的工作和生活都将产生重要的影响，而且对推动整个社会的进步也意义重大。马丁·特罗教授曾指出，“正规教育为广泛理解管

---

① 李莉：《社会转型时期高等教育公平问题研究——来自俄罗斯的经验》，载《清华大学教育研究》2007 年第 4 期，第 70－75 页。

② 《频被“抽水”，农村教师队伍面临断层》，2008 年 4 月 16 日《教育文摘周报》，第 8 版。

理和技术原则奠定了基础，并且首先为提高获得新知识的能力提供了训练”，“……不仅是适应新的工作的能力，而且是应具有知道新机会产生在哪里的能力，这是受教育的标志，然而在现代社会中较低水平的教育却不具备这种能力”。① 所以说，目前我国教育发展的核心任务是采取一切有效的措施，提高农村人口接受教育，尤其是接受高等教育的机会。这也是我国在追求教育公平的过程中所必须解决的重要问题。

本章小结

家庭背景对子女高等教育入学机会的影响作用是客观存在的，我们必须要正视这一现实问题。同时，要采取措施尽量提高弱势群体尤其是农村子女接受高等教育的机会。主要从扩大高等教育规模，大力发展高等职业教育，重点解决农村的基础教育以及农村子女接受高等教育的问题等方面着手。

① 马丁·特罗：《从精英向大众高等教育转变中的问题》，载《外国高等教育资料》1999 年第 1 期，第 1－22 页。

参考文献

[1] 谢作栩. 中国高等教育大众化发展道路的研究 [M]. 福建: 福建教育出版社, 2001.

[2] 潘懋元. 新编高等教育学 [M]. 北京: 北京师范大学出版社, 1996.

[3] 谢作栩, 等. 闽、湘、川 3 省社会阶层高等教育机会差异的初步调查 [J]. 教育与经济, 2004, (3): 3-6.

[4] 陆学艺. 当代中国社会阶层研究报告 [R]. 北京: 社会科学文献出版社, 2002.

[5] 吴康宁. 教育社会学 [M]. 北京: 人民教育出版社, 1998.

[6] 中华人民共和国教育部. 共和国教育 50 年 [M]. 北京: 北京师范大学出版社, 1999.

[7] 费孝通. 中国绅士 [M]. 北京: 中国社会科学出版社, 2006.

[8] 许美德. 中国大学 1895-1995: 一个文化冲突的世纪 [M]. 许洁英, 主译. 北京: 教育科学出版社, 2000.

[9] 潘懋元. 中国高等教育的定位、特色和质量 [J]. 中国大学教学, 2005, (12): 4-6.

[10] 达瑞尔·刘易斯, 哈利·丹达. 发展中国家高等教育的公平效应: 入学机会、选择权与就读持续性 [J]. 谭敏, 译. 国际高等教育研究, 2008, (1): 1-13.

[11] 中华人民共和国国家统计局. 中国统计年鉴-2007 [M]. 北京: 中国统计出版社, 2007.

[12] 多纳德·E 海伦·安雪慧. 大学的门槛——美国低收入家

庭子女的高等教育机会问题研究［M］. 周玲，译. 北京：北京师范大学出版社，2008.
［13］杨莹. 台湾地区教育扩展过程中不同家庭背景子女受教机会差异之研究［D］. 国立台湾师范大学博士学位论文，1988.
［14］王伟宜. 中国不同社会阶层子女高等教育入学机会差异研究［D］. 厦门：厦门大学博士学位论文，2006.
［15］马丁·特罗. 从精英向大众高等教育转变中的问题［J］. 外国高等教育资料，1999，(1)：1－22.
［16］陆根书. 高等教育机会均等与社会平等：高等教育扩展的影响［J］. 高等教育，1998，(4)：50－55.
［17］中华人民共和国教育部发展规划司. 中国教育统计年鉴2006［M］. 北京：人民教育出版社，2007.
［18］中华人民共和国国家统计局. 中国统计年鉴2008［M］. 北京：中国统计出版社，2008.
［19］中华人民共和国国家统计局. 国际统计年鉴2008［M］. 北京：中国统计出版社，2008.
［20］中华人民共和国国家统计局. 国际统计年鉴2005［M］. 北京：中国统计出版社，2005.
［21］查尔斯·赫梅尔. 今日的教育为了明日的世界［M］. 联合国教科文组织，1983.
［22］约翰·罗尔斯. 正义论［M］. 何怀宏，等译. 北京：中国社会科学出版社，1988.
［23］渡边雅男著. 现代日本的阶层差别及其固定化［M］. 陆泽军，等译. 北京：中央编译出版社，1998.
［24］唐安国，李小波. 不拘一格降人才——从复旦、交大的招生改革谈我国高考制度改革的趋向［J］. 复旦教育论坛，2006，(3)：5－7.

[25] 杨东平. 教育改革：公共政策的回归 [N]. 21 世纪经济报道. 2005 - 12 - 26.
[26] 余秀兰. 中国教育的城乡差异——一种文化再生产现象的分析 [M]. 北京：教育科学出版社，2004.
[27] 杨东平. 中国教育公平的理想与现实 [M]. 北京：北京大学出版社，2006.
[28] 马和民. 新编教育社会学 [M]. 上海：华东师范大学出版社，2002.
[29] 董泽芳. 教育社会学 [M]. 武汉：华中师范大学出版社，1990.
[30] 世界银行. 2006 年世界发展报告——公平与发展 [M]. 北京清华大学出版社，2006.
[31] 张人杰. 国外教育社会学基本文选 [G]. 上海：华东师范大学出版社，1989.
[32] 袁振国. 论中国教育政策的转变：对我国重点中学平等与效益的个案研究 [M]. 广州：广东教育出版社，1999.
[33] 袁振国. 中国教育政策评论 2005 [M]. 北京：教育科学出版社，2005.
[34] 赵中建. 全球教育发展的研究热点——90 年代来自联合国教科文组织的报告 [M]. 北京：教育科学出版社，1999.
[35] 滕大春. 美国教育史 [M]. 北京：人民教育出版社，1994.
[36] 张泰金. 英国的高等教育历史 · 现状 [M]. 上海：上海教育出版社，1995.
[37] 钱扑. 教育社会学的理论与实践 [M]. 南宁：广西教育出版社. 2001.
[38] 高坂健次. 当代日本社会分层 [M]. 张弦，等译. 北京：

中国人民大学出版社，2004.
[39] S·拉塞克，G·维迪努. 从现在到2000年教育内容发展的全球展望 [M]. 马胜利，等译. 北京：教育科学出版社，1996.
[40] 奇而格特·鲍曼. 通过社会学去思考 [M]. 高华，等译. 北京：社会科学文献出版社，2002.
[41] 李培林，等. 中国社会分层 [M]. 北京：社会科学文献出版社，2004.
[42] 周晓虹. 中国中产阶层调查 [M]. 北京：社会科学文献出版社，2005.
[43] 吴增基，吴鹏森，苏振芳. 现代社会学 [M]. 上海：上海人民出版社，2005.
[44] 顾忠华. 韦伯学说 [M]. 桂林：广西师范大学出版社，2004.
[45] 孙立平. 断裂——20世纪90年代以来的中国社会 [M]. 北京：社会科学文献出版社，2003.
[46] 杜育红. 教育发展不平衡研究 [M]. 北京：北京师范大学出版社，2000.
[47] 吴根洲. "985"高校高考录取公平问题研究——以2004年为例. 教育与考试，2007，(4)：18－21.
[48] 王晨，张斌贤. 大学：社会分层与社会流动 [M]. 北京：北京师范大学出版社，2007.
[49] 王处辉，李娜. 当前我国高等教育过程中的不平等研究——基于对某高校农村学生群体的调查 [J]. 清华大学教育研究，2007，(4)：36－41.
[50] 丁小浩. 规模扩大与高等教育入学机会均等化 [J]. 北京大学教育评论. 2006，(4)：24－34.
[51] 郭丛斌，闵维方. 家庭经济和文化资本对子女教育机会获

得的影响［J］. 高等教育研究，2006，（11）：24－31.
［52］徐国兴. 高中生的大学升学抱负和升学选择——兼论其他社会经济因素的影响［J］. 高等教育研究，2005，（10）：43－47.
［53］方跃林. 社会阶层化与高等教育入学机会的差异性研究［D］. 厦门：厦门大学硕士学位论文，1991.
［54］别敦荣. 我国高等教育大众化道路上的公平问题研究［J］. 北京大学教育评论，2003，（3）：54－59.
［55］曾满超. 教育政策的经济分析［M］. 北京：人民教育出版社，2000.
［56］孟东方，等. 学生父亲职业与高等教育专业选择关系的研究［J］. 青年研究，1996，（11）：24－29.
［57］钱民辉. 教育社会学——现代性的思考与建构［M］. 北京：北京大学出版社，2004.
［58］胡春明. 教育社会学［M］. 北京：中国社会科学文献出版社，2006.
［59］刘英杰. 中国教育大事典（1949－1990）［M］. 杭州：浙江教育出版社，1993.
［60］杨学为. 高考文献（上）（1949－1976）［M］. 北京：高等教育出版社，2003.
［61］杨学为. 高考文献（下）（1949－1976）［M］. 北京：高等教育出版社，2003.
［62］中华人民共和国教育部. 共和国教育 50 年［M］. 北京：北京师范大学出版社，1999.
［63］王香丽. 我国高等教育入学机会性别差异的个案研究［D］. 厦门：厦门大学硕士学位论文，1998.
［64］谢维和. 教育活动的社会学分析：一种教育社会学的研究［M］. 北京：教育科学出版社，2000.

[65] 余小波. 当前我国社会分层与高等教育机会探析——对某所高校 2000 级学生的实证研究 [J]. 现代大学教育, 2002, (2): 44 -47.
[66] 潘懋元. 大众化阶段的精英教育 [J]. 高等教育研究, 2003, (6): 1 -5.
[67] 刘海峰, 谢作栩. 我国普通高校扩招前后办学条件变化分析 [J]. 教育发展研究, 2002, (12): 22 -25.
[68] 潘懋元. 我对高等职教的看法 [J]. 职业技术教育, 2004, (1B): 36 -37.
[69] 伯顿·克拉克. 高等教育新论: 多学科的研究 [M]. 王承绪, 等译. 杭州: 浙江教育出版社, 2001.
[70] 金一鸣. 教育社会学 [M]. 石家庄: 河北教育出版社, 1999.
[71] 钟宇平, 等. 收费条件下学生选择高校影响因素分析 [J]. 高等教育研究, 1999, (2): 31 -42.
[72] 约翰·S·布鲁贝克. 高等教育哲学 [M]. 王承绪, 等译. 杭州: 浙江教育出版社, 2001.
[73] 广东统计局. 广东统计年鉴 2007 [M]. 北京: 中国统计出版社, 2007.
[74] 中华人民共和国国家统计局. 中国统计年鉴 2005 [M]. 北京: 中国统计出版社, 2005.
[75] 中华人民共和国教育部发展规划司. 中国教育统计年鉴 1999 -2007 [M]. 北京: 人民教育出版社, 2000 -2008.
[76] 广州统计局. 2007 年广州市国民经济和社会发展统计公报 [N]. 广州日报, 2008 -03 -12 (B12).
[77] 国家统计局人口统计司. 中国人口统计年鉴—2003 [M]. 北京: 中国统计出版社. 2004.
[78] 且东. 大困惑——当代教育何去何从 [M]. 中国友谊出

版公司，2006.
［79］余立．中国高等教育史（下）［M］．上海：华东师范大学出版社，1994.
［80］褚宏启．教育现代化的路径［M］．北京：教育科学出版社，2000.
［81］孙培青．中国教育史［M］．上海：华东师范大学出版社，2000.
［82］潘懋元．中国高等教育百年［M］．广州：广东教育出版社，2003.
［83］陆学艺．当代中国社会分层［M］．北京：社会科学文献出版社，2004.
［84］袁振国．中国教育政策评论2004［M］．北京：教育科学出版社，2004.
［85］潘懋元．多学科观点的高等教育研究［M］．上海：上海教育出版社，2001.
［86］张胤，唐晓娟．对社会分层与教育分层若干问题的研究［J］．教育探索，2000，(3)：31－32.
［87］邓小平．邓小平文选（第二卷）［M］．北京：人民出版社，1994.
［88］纪宝成．中国高等教育结构的战略性转变［J］．中国高教研究，2005，(12)：3－6.
［89］杨福玲，等．美国大学学费上涨解析［J］．中国高等教育，2004，(19)：45－46.
［90］鲁洁．教育社会学［M］．北京：人民教育出版社，2001.
［91］布尔迪厄．文化再制与社会再制［A］//厉以贤主编．西方教育社会学文选．台湾五南图书出版公司，1992.
［92］刘精明．国家、社会阶层与教育［M］．北京：中国人民大学出版社，2005.

[93] 杨东平. 对我国教育公平问题的认识和思考 [J]. 教育发展研究，2000，(9)：14－17.
[94] 张民选. 理想与抉择——大学生资助政策的国际比较 [M]. 北京：人民教育出版社，1997.
[95] 吕玉铬. 应用型本科的能力本位教育与职业化取向探析 [J]. 教育与职业，2008，(20)：178－179.
[96] 王沛，康廷虎. 大学生择业价值取向调查问卷的编制及初步研究 [J]. 应用心理学，2005，11 (2)：143－148.
[97] 黄莉，等. 在重点中学与非重点中学就读的差异（节选）[J]. 作文大王（中学版），2004，(9)：14－16.
[98] 王文友，续梅，苏婷. 如何理性看待示范性高中 [N]. 中国教育报，2008－02－25 (1).
[99] 刘洋. 农村中等职业教育人才不回流农村的价值取向问题研究 [J]. 时代人物，2008，(5)：47－49.
[100] 李立峰. 我国高校招生考试中的区域公平问题研究 [D]. 厦门：厦门大学博士学位论文，2006.
[101] 王后雄. 我国高考政策的公平性研究 [D]. 武汉：华中师范大学博士学位论文，2008.
[102] 翁文艳. 日本学校教育中平等与不平等问题的考察 [J]. 外国教育研究，2002，(9)：1－5.
[103] 杨汉清. 比较高等教育概论 [M]. 北京：人民教育出版社，1997.
[104] 靳贵珍. 美国高等教育公平问题的历史透析 [J]. 北京理工大学学报（社科版），2004，(3)：65－67.
[105] 刘复兴. 教育政策与弱势补偿问题 [J]. 山东教育科研，2002，(9)：8－10.
[106] 陈学飞. 美国、德国、法国、日本当代高等教育思想研究 [M]. 上海：上海教育出版社，1998.

[107] 严文藩. 社会资本对美国少数民族参与高等教育的影响[J]. 教育研究, 2003, (4).
[108] 戴铁军. 我国高校入学机会的公平性研究[D]. 长沙: 湖南师范大学硕士学位论, 2007.
[109] 靳淑梅. 教育公平视角下美国多元文化教育研究[D]. 长春: 东北师范大学博士学位论文, 2009.
[110] 李文胜. 中国高等教育入学机会的公平性研究[D]. 北京: 北京大学博士研究生学位论文, 2002.
[111] 中国校友会大学评价课题组. 1999 ~ 2006 年中国高考状元的调查报告[OL]. http: //www. cuaa. net.
[112] 郑谦. 被"革命"的教育: "文化大革命"中的"教育革命"[M]. 北京: 中国青年出版社, 1999.
[113] 郝维谦, 等. 高等教育史[M]. 海口: 海南出版社, 2000.
[114] 钟秀利, 杨瑞虹. 论教育公平是最重要的社会公平[J]. 江西教育科研, 2007, (6): 14 - 15.
[115] 瞿保奎, 郑金州. 中国教育研究新进展[M]. 上海: 华东师范大学出版社, 2001.
[116] 石中英. 教育公平的主要内涵与社会意义[J]. 中国教育学刊, 2008, (3): 1 - 6.
[117] 张淑清. 对农村中小学生辍学问题的研究[OL]. [2007 - 03 - 02]. http: //www. studa. net/jichu/070302/16023086. html.
[118] 吕诺, 张宗堂. 高中教育成为我国高等教育机会不均等的瓶颈[OL]. [2005 - 02 - 13]. http: //www. studa. net/jichu/070302/16023086. html.
[119] 开私家车去食堂打饭? 大学生开车上学惹争议[OL]. [2006 - 12 - 18]. http: //www. Chinanews. com. cn.

[120] 出身不同目的有别社会分层影响大学生人生选择 [OL]. [2006-08-09]. http: //www. xinhuanet. com.
[121] 石子砚. 万斤“学费橘”折射的不能承受之重 [OL]. [2009-02-20]. http: //www. sina. com. cn.
[122] 中国收入最高20种职业排行 [OL]. http: //bbs. qq. com/cgi-bin/bbs/show/content? club = 3&groupid = 10147&messageid = 19841.
[123] 袁宁. 多媒体知识全接触（一）：多媒体的定义 [OL]. http: //www. pconline. com. cn/pcedu/rookie/basic/10111/15333. html.
[124] 穗明年将增5所示范性高中 [N]. 南方日报, 2007. 12. 11 (C02)
[125] 河南高校收费情况 [OL]. [2009-08-24]. http: //www. tesoon. com/a/06/27837. htm.
[126] 广东公布高校收费情况 [OL]. [2007-05-15]. http: //www. eol. cn/gd _ 5575/20070515/t20070515 _ 232513. shtml.
[127] 北京10所民办高校新生报到率不足9成今起开始补录 [OL]. [2008-09-12]. http: //learning. sohu. com/20080912/n259521861. shtml.
[128] 本科生培养成本约为一个贫困县农民35年收入 [OL]. [2006-04-14]. http: //www. sina. com. cn.
[129] 徐云鹏. 对大学生带万斤橘子抵学费的多重解读 [OL]. [2009-02-20]. http: //www. sina. com. cn.
[130] 高考招生制度影响教育公平 [OL]. [2006-07-06]. www. hbnews. net.
[131] 今年广东高考继续扩招 [N]. 南方日报, 2008. 4. 11 (A04)

[132] 中央财政提前预拨农村中小学公用经费178亿[OL]. [2009-03-45]. http://news. sina. com. cn/c/2009-03-04/202117336463. shtml.
[133] 温家宝：提高1200万中小学教师待遇[OL]. [2009-03-05]. http://www. sina. com. cn.
[134] 大众化的高等教育要立足社区[OL]. [2007-05-24]. www. jyb. com. cn.
[135] 调查显示我国教育差距严重程度大于经济差距[OL]. [2005-06-03]. http://www. sina. com. cn.
[136] 周济：农村学生辍学等现象使义务教育面临新挑战[OL]. [2006-04-27]. http://news. xinhuanet. com/politics/2006-04/27/content_ 4484677. htm.
[137] 国务院第二次全国农业普查领导小组办公室，中华人民共和国国家统计局. 第二次全国农业普查主要数据公报(第二号). http://www. stats. gov. cn/tigb/nypcgb/qgnypcgb/t20080222_ 402463937. htm.
[138] The universities central council on admissions, Statistical Supplement, 1980-1981: 7; 1985-1986: 6.
[139] Tereasa Tinklin. The influence of social background on application and entry to higher education in scotland: a muilti-level analysis [J]. Higher Education Quarterly, 2000, 54 (4).
[140] MartinTrow. Problems in the transition from elite to mass higher education, conference on future structure of post-secondary education, Paris, 26th-29th June 1973.
[141] Lucas. Effectively maintained inequality: education transitions, trace mobility, and social background effects [J]. American Journal of Sociology, 2001, 106 (6):

1642—1690.

[142] Gramsci, A. Selection from the prison notebooks [M]. Edited and translated by Q. Hoare and G. Smith. New York: International Publishers, 1971: 350.

[143] Max Weber. The theory of social and economic organization [M]. Trans: A. M. Henderson and T. Parsons. New York: The Free Press, 1964: P407.

[144] Central Statistical Office. Social Trends [J]. London: HMSO, 1987, (17): 64.

[145] Louise Archer. Higher education and social class [M]. Trowbridge: The Cromwell Press, 2003: 28, 43.

[146] Reid Ivan. Social class differences in Britain: A source book [M]. London: Open Books, 1977: 33 -35.

[147] The Robbins Report, Higher education, committee on higher education [M]. London: HMSO, 1963: Appendix, 54 -60.

附录　高中调查问卷

请在以下选项的合适答案中打√（或填空）

1. 您的性别：男 □　女 □
2. 您是否是独生子女：是 □　否 □
3. 您的户口在：城镇 □　农村 □
4. 家庭经济情况：富裕 □　中等 □　困难 □
5. 您父亲的职业：__________，专业技术职称：__________，行政职务：__________
   您父亲的文化程度：小学及以下□　初中□　高中或中专□　大专及以上□
6. 您母亲的职业：__________，专业技术职称：__________，行政职务：__________
   您母亲的文化程度：小学及以下 □　初中 □　高中或中专□　大专及以上□
7. 父亲希望您今后获得：博士学位 □　硕士学位□　学士学位（本科毕业文凭）□　专科毕业文凭 □　中等学校毕业文凭 □
8. 母亲希望您今后获得：博士学位 □　硕士学位□　学士学位（本科毕业文凭）□　专科毕业文凭 □　中等学校毕业文凭 □
9. 父母对您的期望水平现在与过去相比：更高 □　更低 □　没有变化 □
10. 您初中升高中的途径：就近入学 □　赞助插班 □　依照分数选优入学 □
11. 您与家人的关系：亲密 □　普通 □　疏远 □

12. 家长对您的教养方式是：民主 □ 专制 □ 放任 □
包办和代办 □
13. 您的住宿情况：与家人同住 □ 住学生宿舍 □ 自己租房 □
其他 □
14. 您目前在班上的排名如何？前 10 名 □ 中间名次□
中间名次以后□
15. 您对高中阶段学习的感受：学习很快乐 □ 一般 □
学习不快乐 □
16. 您对科学知识、活动、人物和事件：很感兴趣 □ 一般 □
没兴趣 □
17. 您获取课外知识和资料的途径：很多 □ 较少 □ 很少 □
18. 您未来的理想职业是：科技工作者 □ 教育工作者 □
媒体工作者 □ 公务员 □ 现代产业工人 □ 现代农民 □
自由职业者 □ 艺术工作者 □ 企业家 □ 军人 □ 警察 □
其他 □

19. 您在高中所接受的教学情况？	从不	很少	有时	经常
（1）教师使用多媒体进行课堂教学	□	□	□	□
（2）教师采用探究、激励和互动等教学方式	□	□	□	□
（3）日常借助使用计算机、网络辅助学习	□	□	□	□
（4）自己动手做实验	□	□	□	□
（5）家人给您学习提供的辅导（包括请家教）	□	□	□	□
（6）教师组织或提供的课外辅导	□	□	□	□
（7）学生自主或教师辅导做课外研究	□	□	□	□

20. 您常看下列资料吗？	从不	很少	有时	经常
（1）考试辅导资料	□	□	□	□
（2）报纸、杂志	□	□	□	□
（3）中外文学名著	□	□	□	□
（4）畅销书	□	□	□	□
（5）科技和科普书籍	□	□	□	□

（6）漫画、散文和诗词	□	□	□	□

21. 您选择报考高校时受哪些因素影响？

	完全不重要	不太重要	重要	非常重要
（1）父母、家人的影响或建议	□	□	□	□
（2）老师或同学的影响或建议	□	□	□	□
（3）学校的声望或排名	□	□	□	□
（4）离家的远近	□	□	□	□
（5）学费和住宿费	□	□	□	□
（6）学校所在地的消费水平	□	□	□	□
（7）就业前景	□	□	□	□
（8）高考分数	□	□	□	□
（9）为了选择这个专业（选专业不选学校）	□	□	□	□

22. 您选择报考专业受哪些因素影响？

	完全不重要	不太重要	重要	非常重要
（1）父母、亲友的影响或建议	□	□	□	□
（2）老师或同学的影响或建议	□	□	□	□
（3）自己的兴趣、志向和在该学科的能力	□	□	□	□
（4）为了进这所学校（选校不选专业）	□	□	□	□
（5）学校的排名和影响	□	□	□	□
（6）学费	□	□	□	□
（7）就业前景	□	□	□	□
（8）高考分数	□	□	□	□

23. 您选择报考高校和专业时受以下哪个因素影响最大？

自己的兴趣与志向□　上大学的花费□　未来的就业前景□

获得读大学的机会□

24. 您对大学和未来的大学生活有了解吗？　很了解□　了解一些□
了解很少□

25. 请您对高中生活的感受发表一些意见或建议。

致 谢

本论文是在导师谢作栩教授的精心指导下完成的。从论文选题到论文初稿完成，谢老师都能耐心而细致地提出写作和修改的意见和建议。谢老师严谨治学的态度及平易近人的品格，深深地铭刻在我的心里，并成为我日后学习、工作的榜样。在此，向谢老师表示真诚的谢意！

我还要特别感谢我的恩师潘懋元教授。潘先生对我的硕士学位论文给予了悉心指导，在他无微不至的关心和帮助下，我在学业上取得了很大进步，并顺利地通过了论文答辩，为我今后的学习和工作奠定了良好的基础。潘先生高尚的人格、严谨的治学态度、诲人不倦的精神一直在激励着我不断进取。在博士论文完成之际，谨向尊敬的潘先生表示衷心的感谢和诚挚的敬意！

厦门大学教育研究院的刘海峰教授、邬大光教授、郑若玲教授、史秋衡教授、武毅英教授、杨广云副教授、文新兰等老师在生活和学业上都给了我很多的关心和指导，在此向他们表示真诚的谢意。另外，还要感谢教育研究院所有给予我帮助的老师。

在数据调查和资料收集的过程中得到了很多人的帮助，在此要特别感谢华南理工大学的汪国强教授、王立世教授、李芹老师，以及奚新宁老师、张新讲老师、叶宗宝老师和李尧安老师等等。

在论文写作过程中，还得到福建师范大学的王伟宜老师、泉州师范学院的邓岳敏老师、厦门大学的周蕾老师、厦门大学教育研究院的谢永平同志等的大力支持，在此向他们表示感谢。同时还要感谢厦门大学教育研究院所有给予我关心和帮助的师兄、师姐、师弟、师妹们。

最后，还要感谢我现在的工作单位广东工业大学的同事们、我的家人，以及其他上面没有提到而给予过我知识与帮助的老师和朋友们。

王香丽

二零零九年十月于广州